歌い手社長

フォロワー0人の会社員が3年後に武道館に立つ物語

SINGER & CEO

ないこ

歌い手グループリーダー

そして、

2.5次元アイドル事務所社長。

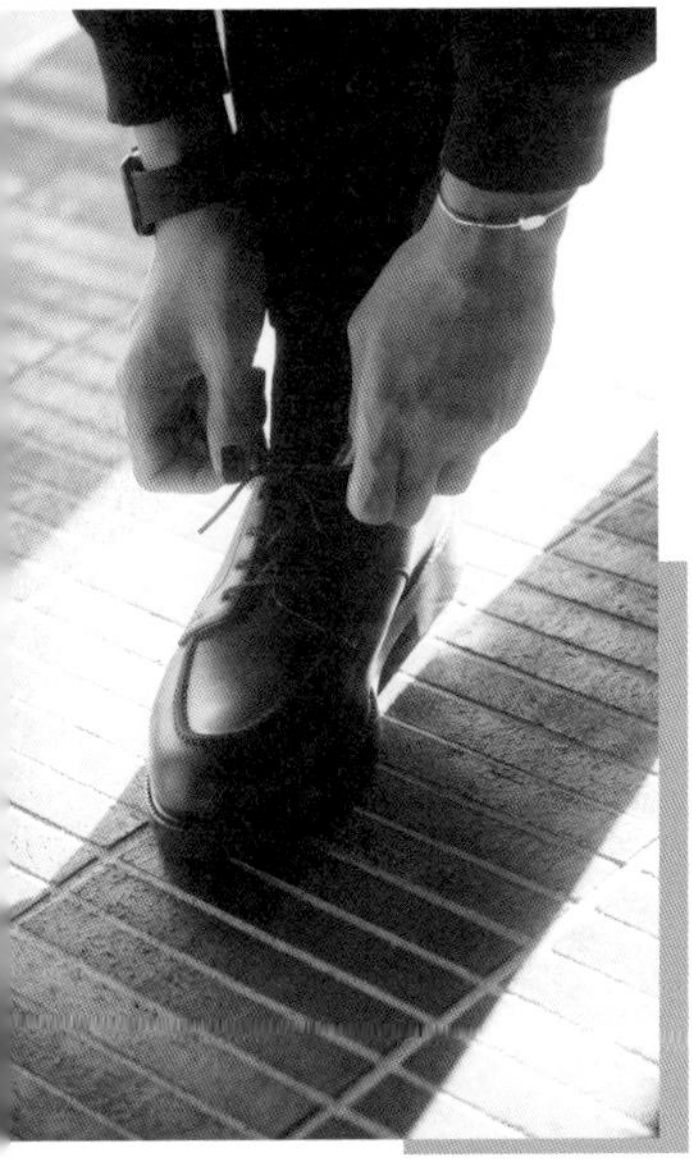

365日、オフの日はなし。

この活動にすべてをかけている。

INDEX

PART 2 イレギュラーな6人の出会い

PART 3
急成長歌い手グループの裏側

STAFF

デザイン
柴田ユウスケ（soda design）
イラスト
TOH.
撮影
小川　健
スタイリング
末廣昂大
DTP
G-clef
校正
麦秋アートセンター
編集協力
山岸南美

PROLOGUE

はじめましての人ははじめまして！

新世代歌い手グループ『いれいす』リーダー兼、日本最大級の2・5次元アイドル事務所『株式会社VOISING』代表のないこです！

この本では、ただの社会人だったないこがやりたいことを見つけて、**仲間と一緒にどんなことを考えて歌い手活動をしているのか**、そして、会社の代表としてなにを大切にしているのかをお伝えしていきます。

いつも応援してくれているみんなも、『いれいす』を知らなかった方も、より深く知ってもらえる機会になればいいなと思っています！

ってことで、さっそく**『いれいす』**のことを紹介していきたいんだけど、その前に！　**まずは〝歌い手〟とはなんなのか、からお話しします。**

というのも、僕らのリスナーさんは歌い手がどういうものかってわかってると思うんだけど、保護者の方だったり、企業の方だったり、リスナーではない方からしたら**「〝歌い手〟ってなんなん？」**って感じだと思うんよね。


「歌い手？ 歌手じゃなくて？ 歌を歌ってるってこと？」

「この人たちはキャラなの？ 中に人がいるの？ 声優さんみたいな感じ？」

「ライブはイラストが動くの？ どういうこと？」


と思ってらっしゃる方も多いと思うんです。

なので、まず『いれいす』や歌い手を初めて知る人向けに、少しだけご説明します！

歌い手ってなに？

まず〝**歌い手**〟っていうのがなにかというと、インターネット上で、主にボーカロイド楽曲をカバーした**「歌ってみた動画」を投稿している人たちのこと**です！ボーカロイド楽曲だけじゃなくて、みんなが知っているようなアーティストさんの歌をカバーすることもあるから、**すごく簡単に言うと「アマチュア歌手」**といった感じに思ってもらえたらわかりやすいかな？

そしてそんな、**ないこを含む〝歌い手〟と呼ばれる人たちは、基本的にインターネット上で顔や本名を出したりはしていません。**

自分でハンドルネームを付けて、自分の分身となるキャラクターの2次元イラストを表に出して活動しています。僕の場合は、ないこという名前でピンク色の髪の男（あとピアスバチバチ）、みたいな感じ。

ネット上で自分の本名とは別の名前を使ったり、2次元イラストを自分のキャラクターとして使ったりする文化は、インターネット特有のものなので、なかなか馴染《なじ》みがない人も多いと思います。特にお父さんお母さん世代の方なんかは、異文化すぎてびっくりしてもおかしくない（笑）。

だけど、歌い手活動をしていなくても、ネット上で誰かと繋《つな》がりたいと思ったときに、ネット上のハンドルネームや、アバターのようなものを持つことは、今の時代ではよくある話だと思うんですよね。

ちなみにガチ陽キャの場合、実名で顔出ししてネット活動とかやるのかもしれないですが、ないこは陰キャなのでわかりません！ごめんなさい。

で、そんな普段イラストの見た目でネット上で活動している僕たち歌い手だけど、**実際に中の人間が生ライブをすることもあります！**

これネット文化を知らない人からしたら**「イラストで活動してるのに生ライブ？どゆこと？」**って思うかもしれないけど、**一般的に歌い手のリアルライブでは、歌い手本人がステージに立って、生身の人間が歌います！**

で、普段顔出しとかせずにイラストで活動してる人がライブに出るもんだから、ファンと歌い手は、**ライブが本当にはじめましての初対面**になるんよね。

だからライブ会場で初めて推しの顔を見て、

「あっ、私が応援してる人ってこんな顔してたんだ」

みたいなことも当然起きます（笑）。

これはもうネットの宿命というか、なんかもうそういうもん。でも面白くない？

まぁともかく、歌い手文化とはそういうもんだ、くらいに思っておいてください！

それくらい独特で不思議な文化なんですよね。

歌い手は仕事なの？

もともと、**歌い手という文化は、趣味の延長線上に生まれたもの**です。始まりをたどると2008年頃、〝ボーカロイドオリジナル曲〟という動画コンテンツがインターネット上に投稿されはじめた時代に、歌い手文化は生まれたと思われます。

〝カラオケで歌うこと〟で満足していた人が、**ネットの発展によって世界中の人々に自分の歌声を発信できるようになって、もっと多くの人に届けたいと思った。**そこから歌い手は生まれた、と言われていたり（諸説あり）。

ただ、当時は趣味として自分が歌った曲を投稿する人がほとんどでした。

そんな、趣味の延長線上で生まれた歌い手という存在なんだけど、次第に活動が活発になると、ネット上の様々な人の目にとまるようになって、ファンと呼ばれるような人がつくようになり……。**人によっては何千人、何万人というフォロワーが応援してくれるような存在**になりました！　もう立派なインフルエンサー！

見てくれる人が増えると、趣味で投稿してた動画でお金が稼げるようになるんですよね。企業の方も〝ネット上のインフルエンサー〟として認知してくれるようになって、**歌い手は少しずつお金が稼げるようになっていきました。**

そして、お金が稼げるということは、**趣味**ではなく**〝仕事〟**として成り立つようになってきたということ。こう見ると、歌い手の成り立ちはゲーム実況者やYouTuberとほぼ同じですね。ちなみに、ネット上でそういった活動をしている人をまとめて〝活動者〟ともいいます。

なので、今や歌い手の中には、その活動で生計を立てようと考えている人もいるし、趣味の領域に留《とど》めて気ままに投稿する人もいて、活動内容にけっこう個人差があるんよね……。

ゲーム実況者もYouTuberも、今となっては小学生に人気の職業に選ばれるほど〝職業〟としての認知度が上がってきてるじゃないですか。

〝歌い手〟や〝活動者〟は、**学生でもスマホが1台あればすぐに活動を始めることができるほど手軽な趣味でもあり、大人が本気で取り組む仕事にもなっているわけです。**面白いよね。

『いれいす』は歌い手グループなの？

冒頭で『いれいす』は〝歌い手グループ〟と紹介したけど、あらためて**「いれいすは歌い手グループなんだっけ？」**と考えてみた！

……というのも、**結成当初はたしかに歌い手グループだったはずなんだけど、**

今はもう活動の幅が広すぎて〝エンタメグループ〟になっている気がするんよな。

今のいれいすの活動といえば、

- 全国規模のツアーライブを開催する
- 全曲オリジナル曲のフルアルバムを出しまくる
- YouTubeに歌ってみたやゲーム実況、アニメ動画を投稿する
- 毎日誰かが生配信する
- 月に1本以上オリジナル曲をMV付きで投稿する
- みんなが名前を知ってるような大企業様とコラボしまくる
- グッズやLINEスタンプを出しまくる
- ラジオやったりテレビに出たり雑誌に載ったりする
- もはや街中のそこらへんでいれいすを見かける

などなど……。**歌ってみた動画の投稿よりもほかの活動のほうが圧倒的に多い!**

いれいす、結成から2年半でほんと大きくなったよ……。

『いれいす』のメンバーは6人いて、**現在のグループを組む前は全員、ソロの歌い手でした。**その頃は、みんな個人の趣味レベルで歌い手活動をしてたわけ。

そういう人ってインターネット上に無限にいるんだけど、その中で、ないこ的に、

「こいつは絶対に大きくなる素質を持ってる!」

「一緒に同じ熱量でどこまでも頑張ることができる!」

と思った人に声をかけて一緒にグループを作ったのが『いれいす』。

最初は歌ってみた動画の投稿がメインだったけど、

「いれいすが盛り上がることは全部したい！」

って考えて、自分たちでやれることを全部やってたら、今みたいにアニメ動画を出したり企業様とのコラボが増えたりで、もう**毎日お祭りかよ！ってくらいイベントだらけのグループ**になりました（笑）。

でも、結成当初は間違いなく歌い手グループだったっていうのは声を大にして言いたい！

ほかの歌い手グループとなにが違うの？

これは、ないこの主観がめちゃくちゃ入ってしまうのでそれを踏まえて読んでほしいんだけど、いれいすがほかの歌い手グループと決定的に違うポイントは大きく分けて３つあって、その１は、**〝とにかくメンバー６人の個性が際立っている**

こと”だと思う。『いれいす』のメンバーはないこ含め6人いるんだけど、

If《いふ》は日本語歌詞を英訳して歌える唯一性

-hotoke-《ほとけ》は誰にも真似できない特徴的な声色

初兎《しょう》は圧倒的Rap技術

りうらは年齢からは想像できない歌唱力

悠《ゆう》佑《すけ》は人生を歌にかけてきたストイックさと経験

みたいな感じで、**みんな結成前から尖《とが》りまくってる歌い手**だったんよな。

え？ないこ？

ん〜、ないこは楽しいことしたいだけの言い出しっぺ担当かなぁ（笑）。

そんな、**メンバーたちの強力な個性**に加えて、**グループとしての活動方針も強**

烈に尖ってるのがいれいすの面白いところなんですよ、奥さん！

いれいすがほかのグループと違うところその2は、**〝常識にとらわれない活動スタンス〟！**

例えば、さっき歌い手を**「アマチュア歌手」**って表現したけど、実はいれいすは結成と同時に、**自分たちのオリジナル曲『恋の約束』を発表してデビューしてるんです！**

既存曲をカバーすることを活動の中心にするのが〝歌い手〟。そんな歌い手たちが集まったのが〝歌い手グループ〟のはず。

だから、歌い手グループがデビューとともにオリジナル曲を発表するのは、かなり異例なこと、というか**前例のない業界初の試みでした！**

実際、結成当初からオリ曲発表ということで**「なんやこのグループ！？」「なんかすごいのが出てきたな！？」**みたいな、業界的というか界隈《かいわい》的なインパクトはすごかったと思う（ないこの感覚）。

ってな感じで、いれいすが最初からかなり尖った活動をしていたことは間違いないし、**「そんなの聞いたことない！」「そこまでやるんかいれいす！」**みたいなことを積極的にやってました。

ほかにも、歌ってみたよりもオリジナル曲の投稿頻度のほうが高かったり、毎日ＹｏｕＴｕｂｅｒのような企画動画をアップしたり、ゲーム実況みたいなことをしたり。

最初から〝歌い手〟という枠組みから外れてたグループだったかもしんない。

今思うと（笑）。

そんな常識にとらわれず、やったほうがいいと思ったことを全部やってきた結果、いれいすがほかのグループと違うポイントその３が生まれてしまったわけなんですが……。

いれいすがほかのグループと違うところその3は**〝圧倒的な活動量〟です。**

「あれもやろう！」

「これもやろう！」

「絶対みんな喜ぶからやろう！」

っていうのを自分たちのできる範囲ですべてやってきたのがいれいす。

その結果、**実は結成当時から「歌い手グループなのにいろいろやりすぎじゃない？」という声がめちゃくちゃあった（笑）。**

でもさ〜、「こういうことやったらリスナーさん喜んでくれそうやな！」って思うことがあったら、やるっしょ？ やっちゃうよな？？

そういう「これやったほうがよくね！」を全部やってきたのが『いれいす』なんよね。いれいす結成当時、2020年10月あたりは、**数々の歌い手グループが結成と解散を繰り返していた、歌い手グループの戦国時代。**自慢じゃないけど、そんな中でいれいすはトップレベルの動画投稿量でバチバチに活動してました。

多分だけど、普通の歌い手グループの何倍も活動量があったと思う。

「歌ってみたじゃなくてオリジナル曲出すの？」
「毎日投稿してるけどＹｏｕＴｕｂｅｒなの？」
「こんなに活動してるグループ見たことない！」

みたいな、**生まれては消えていった今までの歌い手グループと毛色が全然違う、本気の活動スタンス**に興味を持ってもらえたから、その先で自分たちの歌や声を聴いてもらえてたんだと思う。

同時期に活動していた活動者さんからも、リスナーさんからも、**イレギュラーなグループ**だと思われてたんだろうなぁ。

結局『いれいす』はなにがしたいの？

そんなわけで、自由奔放《じゆうほんぽう》すぎる歌い手グループ『いれいす』だけど、

「何がしたいグループなの？」って聞かれたら、

「リスナーのみんなを楽しませたいグループです！」

って胸を張って言えると思う。

いれいすは、誰かを楽しませることが大好きなグループです。

僕ら6人は歌い手出身で、歌ってみた動画を投稿するのが好きだった。

でもそれは、「歌ってみた」が自分だけの〝**趣味**〟だったからであって。

いれいすを結成して、誰かに見られる〝**活動**〟を始めてからは、自分が楽しむだけじゃ満足できなくなってきた。

「どうせ楽しむなら自分だけじゃなくて、見てくれてる、応援してくれてるみんなも楽しめるようなことをしたい！」

そんな想いが強まった結果、活動の幅がどんどん広がっていって、今のいれいすがある。

そんな気がする。

「いれいすは歌い手なの？ＹｏｕＴｕｂｅｒなの？アイドルなの？」

今でもよく言われるけど、**いれいすはいれいすです。**

誰かの笑顔のために毎日頑張ってる僕たちいれいすを、これからもどうかよろしくお願いします！！

1

PART 1

『ないこ』が『ないこ』になるまで

ド田舎出身の普通の少年

ないこの出身はド田舎です（地元に失礼）。

配信とかでもよく言ってるんだけど、日本の某所の全然栄えてない、駅前に某大型ショッピングモールとかがある田舎に生まれた。

田舎といえばドンキとか想像すると思うんだけど、**ないこの地元にはドンキすらない。**

小学生の頃のないこは、そんなド田舎のわんぱく少年でした。

普通の田舎の、普通の両親のもとに生まれた、**普通の小学生**みたいな。

特別お金持ちなわけでもないし、特別なにかすごい家柄なわけでもないし、ほんとに普通。標準的な家庭だったと思う。家が厳しくてゲームとか買ってもらえなかったから、友だちと近所の公園で野球したりサッカーしたり、みたいな。

あとほんとにド田舎だから山とか川とかに遊びに行ってたりした！　あと海も。野生児かよ。

ただ、親が教育熱心だったから、学校の宿題とかは**「ちゃんとやりなさい！」**って言われてて、おかげさまでド田舎小学校の中では成績は良いほうだったと思う。で、何事にも興味津々～みたいなキッズだったから、いろんな委員やったりとか、学校外行事に参加したりとか、すごく活発だった！

っていうのが、小学生ないこの数少ないよかったところで、**これ以降よくなかったことをたくさん書いていきます（笑）**。

10歳でオタクになるのは早すぎや！

この本を読んでる人の9割くらいは何らかのオタクだと思うんだけど**（クッソ失礼）**、君のオタクの目覚めはいつだった？

ないこのオタクの目覚めは小学生の頃で、4年生〜6年生あたりのどこかだったと思うんだけど、夜更かししてキッズステーションとかでアニメを観ていたことがすべての始まりでした（後悔）。

当時ないこは健全なほうのアニメっ子で、ジャンプ系のアニメとかめっちゃ好きですごい観てたんよ。『NARUTO』とか『BLEACH』とか。

「もう〜男の子やな！」って感じなんだけど、かっこいい主人公が戦ってる作品ならだいたい好き、みたいな。そんな感じの普通の小学生男子だったわけ。

で、小学生のないこは毎日めちゃくちゃ暇だったから、そういう少年向け作品のアニメの再放送を無限にやってたアニメチャンネルをずーーっと観てて。

気づいたらけっこう夜遅くなってしまってたことがあって、**「次のアニメ何かな〜」**と思ってたら、大人のお兄さん向けの萌《も》え萌えアニメが流れはじめたんよ。

今でも覚えてる。あれは『ゼロの使い魔』だった。

『ゼロの使い魔』っていうのは、ライトノベル全盛期に伝説的な人気を誇った異世界モノの作品なんだけど、そのアニメがたまたまないこが観てたチャンネルの深夜枠で流れてたんよ。

で、『ゼロの使い魔』っていわゆる〝**萌え要素**〟がめちゃくちゃ含まれた作品なんよね。登場人物のほとんどがめっちゃかわいい女の子だったり、あとちょっとセクシーなシーンとかもあったり、みたいな。

一方、今まで「友情・努力・勝利」の少年向け作品しか触れてこなかった内藤ないこ少年（仮名）。**心臓バクバクで目ん玉かっぴろげて『ゼロの使い魔』を観ました。**

「なんだよこのアニメ！！！　めっちゃ女の子かわいいやん！！！　えっ、ちょっとセクシーすぎん？　えっ、これ親の前で観れないやつじゃん！！」

って思いながらまじまじと観ました。

すごく楽しかったです。すごく。

これがないことオタク文化の出会いだったと思う。

今の小学生的にはオタクコンテンツってけっこう普通だと思うんだよ〜。「小説家になろう」（小説投稿サイト）原作のアニメが大ブームになったり、今流行《はや》ってるアニメのワンシーンがＹｏｕＴｕｂｅやＴｉｋＴｏｋでバズったり。

昔と比べて**〝オタクっぽいもの〟**に対するハードルがすごく低い時代で最高だな〜と思ってんだけど、ないこが小学生の頃は、まだオタクに対する世間の視線がすっごい冷たくて。

だから、**「オタクっぽいの好きなんだよね」**とか、小学校の友だちには絶対言えなかった（笑）。なんとなく**「これはよくないものなのかもしれない」**みたいな潜在意識があったような気がする。

だから学校の友だちには**「僕ドッジボールとモンハンしか興味ないです〜」みたいな顔をしながら、家に帰ってアニメを観る……**みたいなよくわからん隠しごと生活がしばらく続きました。

将来の夢は総理大臣

そんなないこ少年の将来の夢は〝内閣総理大臣〟でした。

その理由が**めっちゃアホ**なんだけど、小学6年生くらいの頃、ちょうど社会の授業で国際問題の話に触れていて、

「日本ではこんな感じのことがあって国際問題になってるんです〜」

みたいなことを説明されたときに、

「いや総理大臣もっとちゃんと言いたいこと言っとけよ！！」

って思ったんよね（伝われ）。

実際そんな簡単な話でもないし、いろんな大人の事情があるわけだけど、まだまだそこらへんをわかってない小学生ないこくんは、

「じゃあもう俺が総理大臣になって全部ズバッと言ったほうが早いわ！！」

みたいなことを思って、将来の夢が総理大臣に決まりました（ほんとにアホ）。

社会の授業以外でも、**本当はこうなのに言えない、言わない、みたいな雰囲気とか、何者かに配慮したよくわからん忖度《そんたく》みたいなのがすごく嫌なタイプで。**まぁ普通の人から見たら空気読めないド正論ド直球の発言を多々していたと思う。

「思ってることあれば言えばいいじゃん」

「やりたいことあるならすればいいじゃん」

みたいな。このへんは今のないこと変わんないところかもしれない。

あーだから会社辞めたんだ俺！！

ただのオタクキッズだった中学時代

そんな感じで多分人生で一番楽しい小学生生活を送ったないこちゃんなんですけど、**中学で完全なオタクになります。**

それこそ**ボーカロイド**にハマったのもこの時期で、本当に〝ボカロオリジナル曲〟っていうものがニコニコ動画に投稿されはじめた初期の初期から聴いてた。『**メルト**』*とかの時代ですね。**ってこれ10年以上前の曲ってマジ？** はーーもうほんま……。

実はないこは中学生の頃に**お受験**してまして、地元の普通の中学校ではなく、ちょっと離れたところの国立の中学校に通ってました。
国立ってめっちゃ珍しいと思うんだけど、もっと珍しいのがその中学校、私服OKだったんです！！！

これはないこが入学するだいぶ前の生徒会が、

「生徒の自主性を尊重して～～」

「TPOに合わせた服装を選ぶのも社会に出るための訓練になって～～」

とかいろいろ理屈をこねて、もともと制服校だったのを生徒総会で変更して、私服校を実現したらしい。マジすごい。


そんな感じで、ほかのいろんなところでも生徒の自主性をめちゃくちゃ尊重す

＊2007年にアップロードされたボーカロイド「初音ミク」の楽曲

る校風の変わった中学校だったから、

「ないこの自主性も最大限尊重されるべきだ！！」

っていう意味不明な持論のもと、ないこは本当に好き勝手やってました（アホ）。

授業中に**ゲーム**やって取り上げられたり、
授業中に**ボカロ曲**聴いて取り上げられたり、
授業中に**ラノベ**読んで取り上げられたり。

やってることはそこらへんのオタクだけど、**もう全然、授業中にやることじゃないです。**普通に不良生徒です、ないこさん。

マジで。ほんとごめん、中学校の先生たち……。

って感じで、**基本的に全然真面目に授業を受けてなくて、いわゆる〝オタクっ**

ぽいもの〟を浴びるように摂取した3年間だった。

でもこれはないこのせいじゃなくて、**ないこにラノベやらボカロやらを無限にオススメしてきた、ないこの友だちもよくないと思います！** 嘘です！ 類は友を呼んだだけです本当は！

まぁともかく、この頃にないこは完全にオタクの沼にハマって、

「俺はもう一生オタクとして生きていくんだろうな」

とリア充っぽい人生路線を半ば諦めたりして悟り開いてたところもあるけど、基本的には**「普通にオタク楽しいし人生ハッピー」**って感じだった（適当）。

ダメなオタクVS真っ当な親

中学生になってからというもの、そんな感じでオタクオタク〜〜ってオタクしまくった半面、あまりにも勉強をしなくなって、小学生の頃は割と優秀だった（はずの）**ないこの成績は急降下して学年平均くらいまで下がっちゃったりした！**授業中に遊ぶなら成績良くないとダメですよね！先生！（成績良くてもダメです）

今のないこからしたら**「平均点取ってるんだからよくね……」**って思うところがあるけど、さっきも書いたようにないこの家庭は教育にそこそこうるさかったので、微妙すぎる成績にオカンも思わず**「もっと勉強しなさい！」**って怒ってた。

でも俺も反抗期だったから、

「うるせえ！ 俺は友だちとボカロ曲を歌いにカラオケに行く！！」

とか意味のわからんことを言って、勉強なんかしないで駅前に遊びに行ったりしてた（オカンごめん）。あ、ないこの地元は駅前に大型ショッピングモールしかないド田舎だけど、カラオケはあります！！

てな感じで、**「勉強しないないいこ」VS「勉強させせたい親」**みたいな対立が日夜繰り広げられてたんだけど、まぁ～勉強しなかったね。

だから親からの制限は当たり前に厳しくなるわけ。特にオカンのほうが教育熱心だったから、ゲーム取り上げたり、お小遣い減らしたり、みたいな。

それに対して勉強なんかするわけないないいこは、必死にゲーム探したり、オカンじゃなくてじいちゃんにお小遣いせびったりしてた。

狡猾《こうかつ》ですね、ないこってやつ！

マジでかわいくない中学生すぎる！**推せねぇ！！**

今でこそ「**ないこって、昔からすごい人だったのかな……**」とか言ってくれてるリスナーさんの声をＴｗｉｔｔｅｒでちょいちょい見かけるけど、**ご覧のとおり昔はそこらへんに転がってるオタクです！もう声を大にして言わせてください！！**

まじで普通なんやって。アニメイトとかに５億人はいそうなオタクの一人がないこです。実際アニメイト通ってたし。あ、でも、親に反抗してる分、普通のオタクより痛いオタクだわ。**どうしようもねぇ中学生ないこ……**。

でもこの多感な時期に、オタクコンテンツにどっぷりハマってたのは今の活動に活きるところあるなーとは思う！

アニメってこうだよね、とか、**オタクってこういう生き物だよね**、とか、**推しが尊いってこういう感覚だよね**、とか。自分が経験してきたからだいたいわかる。

アイドルオタクはしてなかったから、今のリスナーさんの気持ちと１００％シンクロしてるわけではないと思うけど、一般的なオタクの感性、オタクの考え方はなんとなくわかる。**だって俺、オタクだし。**

世間がワールドカップで盛り上がってるときに、俺たち深夜アニメの二次創作で盛り上がってたよな！！

「同級生の誰と誰が付き合ってる～～」って話なんか興味なくて、明日投稿されるボカロの新曲とか好きな歌い手さんの新作のことしか頭にないよな！！

「そんな絵に何千円もかけるなんて……」って言ってくるオカン！うるせぇ！

これが俺の生きがいなんだよ！！　買わせてくれ頼む！！（それは働いて自分のお金で買ってほしい。大人になったないこより）って感じでした（伝わる？）。

振り返ってみても、**ほんまにしょーもないオタクすぎて自分でドン引きしてる。**

あの、*担降《たんお》りしないでください……僕は正直に自分の半生を振り返ってるだけなんです……。

＊「担当を降りる」の略。ファンをやめること

「俺TUEEE系」主人公になってた高校時代

はい、ここがないこの人生で一番誇れるポイントです。

ほかの時期はまじでしょーもない人間すぎて読まないでほしいんですけど、高校時代のないこはまだ少しだけマシです！

中学時代の話で書いたとおり、ないこは中学受験して、自分が住んでるところからちょっと離れたところの中学校に行ったんだけど、

「さすがに片道1時間はだるいわ」

ってことで、**高校は家からチャリで5分の公立高校に入学しました（マジ適当）。**

偏差値50くらいの本当に平均的で普通の高校だったけど、前述のとおりないこの地元はドドド田舎なので、こんな高校でも市内で一番の進学校だった。

偏差値50で進学校とは一体……。

でね、中学時代のないこは勉強なんかまったくせずにオタクしまくってて、親からも学校の先生からも怒られて、しょーみいいとこなんもなかったわけ。

そんなないこが初めて、

「人生変えよう」

って思ったのがこの高校時代で、

「ないこのことを怒ってくる大人たちを、どうすれば黙らせられるか」

ってのを本気で、真剣に考えてみることにした。

いやお前がちゃんと勉強して言うこと聞いてればなんも言わんのよ、って話なんだけど、当時ないこも思春期でいろいろあったのよ。大目に見てあげてほしい(笑)。

で、いろいろと考えてみた結果、

「あいつらより良い大学入って良い企業に就職したら、さすがに黙るんじゃね?」

って思ったのよ。

めっちゃ極端な話、東大に入れば親も学校の先生も学歴的にはないこより下になるわけで、少なくとも「勉強しろ」とは言えないじゃん? みたいな。

そんな反骨精神だけでないこは猛勉強を始めました。**いやまじでかわいくない!!**

って感じで、モチベーションの源はくっそかわいくないガキだけど、その結果起こした行動は割とまとも。変な方向に行かなくてよかったぁ……。

そんなわけで**急に1日4時間とか5時間とか勉強しはじめた結果、高校生のないこは学力テスト学年1位の生徒会長になりました（は？）**。

そんな「俺TUEEE系」*のライトノベルみたいなことある？　って思うかもしれないけど、実際この頃のないこはマジで勉強しかしてなくて、**起きてる時間のほとんどは机に向かって勉強してた。**

今考えると信じらんないけど、土日は1日10時間以上やってた。

でも、このとき辛抱強く勉強し続けていた経験が今の歌い手活動にめっちゃ活きてて、今のないこ、起きてる時間ずっと活動してるし、たまに24時間連続で活動しててもそこまで苦じゃないんよな。

そんなありえんくらいのストレス耐性と継続力、特定分野限定の集中力とかはこの時期に培《つちか》ったんだろうなぁ。

＊主人公の能力が超越しているライトノベル作品

勉強しかしてないけど、人には恵まれてた

猛勉強の末、成績が良くなったないこちゃんですが、その生活にも変化が訪れました。

具体的には、**両親や先生がないこに対してなにも言わなくなった。**

「成績で黙らせてやったぜ！オラ！」

って当時は思ってたけど、今思うと、

「こいつめんどくさいやつだし、放置してれば勉強するし、触らんとこ」

って感じだったんだろうなと思うわ。

もう一つは、**〝学年1位の生徒会長〟だったから、オタクのくせにモテはじめた。**

モテるっていうのは女の子に～とかじゃなくて、男女問わずいろんな人がないこに対して好意的に積極的に接してくれるようになった。

よく同窓会で一流企業に就職したやつがモテる、みたいな話聞くけど、それに近い感じだったのかもしれないし、**単純にないこの周囲の同級生が陰キャにも優しい陽キャだったのかもしれん。**多分両方。

そんな感じで友だちには恵まれてたないこだったけど、当時はもう大学受験のことしか頭になくて、

「スキあらば勉強！！」

みたいな毎日を過ごしてた。『**五等分の花嫁**』の上杉くんみたいな感じが近いかも（わからない人はアニメ『五等分の花嫁』を観よう！　俺は一花推しや！）。

高校時代のすべてをかけた結果

ここで思い出してほしいんですけど、幼き頃のないこの将来の夢は**「内閣総理大臣」**です。総理大臣っていうのは、基本的に衆議院第一党の党首がなれる、日本でただ一人だけの役職です。まだ総理大臣の夢を諦めてなかったないこちゃんは、**「国会議員になるために法律を学ばないといけない」**ということで、法学部を志望してました。

で、**「法学部で一番強いところってどこや？」**って話になって、**ないこが選んだ志望校は、「一橋大学」**。

文系で東大に並ぶとも言われている、日本の最難関国立大学の一角。

当時勉強を教わってた家庭教師？ 塾の先生？ みたいな人に、

「目指すなら、一番高いとこっしょ！」

って言われて決めたんだけどこれ『ブルーロック』の蜂楽《ばちら》すぎておもろい（笑）。

そんな先生に対して、

「そっか！！！！！！！！！！！！」

って思って勢いで最難関大学目指して勉強始めるないこも**アホすぎておもろい**。

もはや愛おしいまである（笑）。

でもそのモチベーションは本物で、**人生に一度しかない高校生活の3年間をすべて勉強に捧げて努力しつづけた。**今振り返ってみても、歌い手活動を始めたときと同じくらい、人生かけて勉強に没頭、没入してた3年間だったと思う。

そんな3年間の努力の末、ないこは第一志望の一橋大学法学部に……

落ちました！！！

ダメでした。人生初めての死ぬほど悔しい挫折《ざせつ》だった。**もうガチで落ち込んだ。**

だって考えてみてほしい！　同級生が恋愛とか旅行とか海で青春してる中、大学受験のためだけに3年間を捧げてきた結果、全部棒に振ってダメでしたって、

もう頭おかしなるやろ〜〜〜〜〜〜〜〜〜〜〜〜〜！！！！

で、第一志望の国立大学の受験に落ちてしまったので、ないこは浪人するか滑り止めで受けてた東京の別の私立大学に行くしかなくなりました。

想像してほしいんだけど、高校3年間、

「俺が最強だ……見とけよ大人ども……」

ってオーラ出しまくってたやつが第一志望落ちて、

「あの……ほんとすんませんした……」

みたいなテンションになってたわけ。かっこ悪すぎる。悲しい。

ちなみにないこの家庭はすごく裕福とかではなくて、お金のかかる私立大学、しかも東京の大学に息子を通わせる余裕のあるような家庭ではなかったのよ。だからもともと**「大学に行くなら国立にしてね」**ってオカンに言われてて、でも俺は国立大学に落ちてしまって、もう浪人するか私立大学に行くしか選択肢がなくて、**「もうどうしよう。人生詰んだわ」**って思ってたとき、

「私立大学、行ってもいいよ」

オカンにそう言われてないこボロ泣き。

「ありがとうううううううううう！！！ 俺まじでしょーもない息子だし親不孝ばっかしてきたけど大学でがんばるよおおおおおおお！！！」

ってオカンに土下座して東京の私立大学に入学することになりました。

大学受験っていう3年間の努力の結果は失敗に終わったけど、**この失敗、この悔しさは今でも忘れられないし、かけがえのない人生の財産になったと思う。**

大学時代、ないこ、無事ダメ人間になる

てな感じで、そこまでの18年の人生の中で一番の盛り上がりを見せた高校編が終わり、**東京の私立大学編**が始まります。

今まで隠してたんだけど、もうこの際学歴言っちゃうと、

中央大学法学部っていうとこに通ってました。

第一志望ではなかったけど、中央大学も法律をしっかり勉強できる大学だった

はず！ なんですが、

「俺、大学でがんばるよぉぉぉぉぉぉぉぉぉぉ！！！！！」

ってオカンに誓ったはずのないこは、**大学生活でネトゲにハマって人生終わりました**（おついれ～）。


まぁ順を追って話そうや（？）。

大学に入ったばっかのないこは、

「国会議員になるんだから政治家のもとでインターンとかしてみるか～」

「え、法律系も国家試験とかあるの？ じゃあとりあえず弁護士資格取るために国家試験も勉強してみるか～」

みたいな感じで、キラキラした目でいろんなことに手を伸ばそうとしてた。

そもそもド田舎出身の18歳がいきなり東京に来たもんだから、

「なんだこの人の数！！　東京エグい！！」

って街中歩くだけで刺激だらけで楽しくてしょうがなかったんだけど、

「せっかくこれだけいろいろな物事の中心になってる東京に住んでるんだから、やりたいこと全部やってみようぜ！」

ということで、いろいろしてみることにした！

……んだけど、

政治家秘書のインターンみたいな感じで現役の政治家の働く姿を見てみたら、
もうハンパない年功序列社会で、
「これ俺が国会議員になるのって40年後とかじゃね……？　待てるかああああ！！！！」
って思って**政治家ルートは断念。**

法律の国家試験のほうは、実は東大受験くらい難易度が高いものだったみたいで、

「え、俺、高校生活3年間勉強に捧げたのに、また大学生活4年間勉強に捧げるの……？ 無理……」

ってなって**法曹《ほうそう》ルートも断念**（この時点で意志弱いな）。

で、残ったのが、**死ぬほど自由な大学生活を悠々自適に過ごす青年ないこくん**。

しかもヤバいことに、時間を無限に溶かすことで有名なネットゲームに手を出してしまった。

大学生の4年間って、活かすも殺すも自分次第なくらい自由度が高い時間なんだけど、**ネトゲしはじめたら一瞬で4年経つからマジやめたほうがいいよ……**。

ネトゲ廃人も現実が見えてくるとちょっと焦る

大学にもあんまり行かず、寝て起きてゲームして、ご飯食べてゲームして、ちょっとバイト行って帰ってきてゲームして、を繰り返す日々が続いた。
ネトゲの中で出会った友だちとは今でも仲いいし、実は当時出会った人と今仕事したりしてて、まったく無駄だったとは思わないんだけど、毎日遊んでばっかりでなんとなく過ごして、時間ばっかり過ぎていってる感覚はあって、

「俺って何のために生きてるんだっけ？？」

って虚無になったりもした。その虚無を誤魔化《ごまか》すためにゲームの中のモンスター

と戦ってた。

そんな、オカンに顔向けできねえ毎日を送ってたないこだけど、周りの友だちが就活始めてるのを見て**「やべ、俺も就職活動しないと……」**って漠然と焦《あせ》りはじめた。

けど、冷静に考えて、

「俺のやりたいことってなんだっけ？　俺ってどこで働きたいんだろう？」
「てか働きたくないし、ずっとダラダラ過ごしてたい。働くってなんだよ無理」

みたいなことを思ったりしてめっちゃ迷走。

でも働かないと生きていけないから、生きるために、仕方なく、就職活動を始めることにした。

生きるための就職活動

就職活動を始めたないいこが最初に志望してたのは〝**コンサルティング**〟っていう業界で、めっちゃ簡単に言うと**「頭いいやつが企業とかに対してどうすれば問題が解決するかを提案する仕事」**みたいな感じのところ。

当時のないいこは特にやりたいこととかなかったから、いろんな業界で仕事ができるコンサルタントっていいなーって思ってた（コンサルティング企業で働く人のことをコンサルタントと呼びます）。

で、ありがたいことにコンサルの会社も何社か内定もらってたんだけど、結局

ないこが就職することになったのは全然コンサルティングと関係ない、一部上場のIT系メガベンチャー企業でした。

なんでやねん！！って感じだと思うけど、

決めたきっかけは「**こっちのほうが面白そうだから**」。

コンサルに就職するっていわゆるエリートコースで、めちゃくちゃお金稼げてすげーって感じなんだけど、スーツ着て毎日出社して、自分がそこまでやりたくもないことを延々とこなす未来を考えると、

「**あ、これ無理だわ**」

って思ってしまって（そんなの会社にも失礼だし）。

一方で、たまたま気分で受けたIT系のメガベンチャー企業は、基本的に私服

通勤だしそのほかにもいろいろ柔軟性もあって、自由度が高かったのよ。

しかも一つの会社の中に何個も運営しているサービスがあって、ゲームやメディア、マッチングアプリ、競馬まである。

ないここに合いそうだな～！と思って、就職先をそこに決めました。

最終的に就職先も決まって、一般的には人生順調！って感じではあるんだけど、

「なんで生きてるんだろう」

「俺が本当にしたいことってなんなんだろう」

「このまま死ぬまで働きつづける毎日なのかな」


っていう不安というか漠然とした虚無感、諦念《ていねん》のようなものは消えなくて、ぶっ

ちゃけ人生全然楽しくなかった。
ただ楽なほう、楽なほうに進んでるだけで、自分が何をしたいのか、この先どうなりたいのか、全然見つからなかった。

それでも生きるためには就職するしかなくて。
めちゃくちゃ嫌だけど、働くしかなくて。

いずれ働いてるうちに自分がしたいことが見つかるといいな。
だからこれからしばらくは、我慢の時期なんだよな。
何年続くか、あるいは何十年続くかわからないけど、我慢の時期なんだよな。

なんて思いながら、心は子どものまま大人になって、やりたいことも見つからないまま社会人になってしまった。

生きる意味が見つからなかった社会人時代

めちゃくちゃ陰鬱《いんうつ》な感じで幕を閉じた大学生時代だったけど、**社会人時代も相当陰鬱です。** 人生の病み期って感じする。

頭いい人の集団であるコンサルティングの会社を蹴って、今をときめくイケイケITメガベンチャーに就職したないこちゃん。

やりたいことが見つからないまま就職しちゃったけど、見つけることはできるのかな〜〜〜？

結論、全然見つかんなかった（話終わり）。

いや見つかんなかったって言っても、会社にいたの2年だけだから時期尚早って感じするけど（笑）。

やりたいことは結局見つからなかったけど、その会社で働く日々はめちゃくちゃ刺激的だった。いろんなことを教えてもらったし、いろんなことを学べたし。

今まで自分が触ってきた、楽しんできたようなサービスを、今度は自分が運営する側に回るっていう経験はそこでしかできなかったと思う。

同期も、面倒を見てくれた先輩社員の方もとてもいい人ばかりで、こんなに人に恵まれた職場なんかないだろってくらい良い環境で過ごさせてもらった。

むしろないこみたいな斜《しゃ》に構えたひねくれ者が社内にいて大変申し訳ございませんって感じだった。

ド田舎の普通の家庭に生まれて、一部上場企業に入社して、周りの人にも恵まれて、外から見ると**「めちゃくちゃ人生成功してるやん！」**って感じだと思うけど、

大学時代に抱えたド陰キャ病みないこの心境はそのまま引き継がれてて、

「たしかに良い企業に入って良い生活できてるけど、これって俺のやりたいことじゃないよな？」

「仕事だからやることはやるけど、正直全然身が入らん。やらないといけないからやるけど、やる気にならん」

「俺ってこんな生活を死ぬまで続けるのかな」

みたいなことはずっと頭の中にあって、その答えが見つかることはなかった。

「社会人なんて楽しくないもの」「みんな我慢して生きてる」なんてのが、世の頑張ってるサラリーマンの〝普通〟なのかもしれないけど、**ないこにはその〝普通〟がどうしようもなく耐えられなくて、ただつまらない毎日を繰り返すのが死ぬほどス**

トレスでしんどかった。

「なんでやりたくもないことをしないといけないんだろう」
「こんな生活しなくても、好きなことしてギリギリの生活したほうが楽しいんじゃね？」
「あー俺ってなんで生きてるんだろう」

なんてことを思いながらも、日常を変える勇気がなくて、ただクソつまんない毎日を繰り返す楽な選択肢に逃げつづけてた。

そんなときにないこが出会った、**人生を変えるきっかけになった趣味が〝歌い手活動〟だった。**

2

PART 2

イレギュラーな6人の出会い

「なんとなく」で始めた歌い手活動

ないこが歌い手活動を始めたきっかけは、**新型コロナウイルス感染拡大に伴うリモートワーク**だった。

ないこの歌い手デビューが2020年の4月で、世間的にはちょうどコロナが流行して学校の一斉休校だったり飲食店の時短営業だったりが起きてた時期。

ないこが勤めていた会社も、ないこの歌い手デビューの半年前くらいからリモートワークが推奨されるようになって、会社に通わず家のパソコンをカタカタして仕事をする時間が増えてた頃。

もともとないこの勤め先の会社はめちゃくちゃ仕事量が多くて、朝10時に出社して就業時間的には19時に退社のはずなんだけど、当たり前に22時、23時まで残業、みたいな会社だったんよ。

働き方がマジやばくて、ないこの同期とか仕事大好きすぎて、自主的に23時とか24時まで毎日働いて、終電逃して、経費精算がめんどくさいからって自腹でタクシー乗って帰宅みたいな（普通に頭おかしい）。

「あー社畜ってこんな感じかぁ～」

とか思いながら、まぁ大変だけどその分いろんなことを学べるし、しんどいけど自分のためになるよな～～って感じで、ないこも毎日社畜を極めてました。

でも、そんな毎日がリモートワークによって激変した。

いろいろ理由はあるんだけど、ざっくり言うと、会社に通わなくなってから、仕事がめっちゃ減って自由な時間がめっちゃ増えた！！

で、普通に仕事終わったら夜の19時とか20時みたいな。

「あれ、寝るまで4時間もある。めっちゃ暇じゃん！！」

ってなって、ないこが始めたのが**〝歌い手活動〟**だったわけ。

もともと中高生時代にニコニコ動画で歌ってみた動画とかよく聴いてたんだけど、リモートワークが始まった頃に、たまたまＹｏｕＴｕｂｅで歌ってみた動画を見て、

「あーこれ俺もやってみよっかな～」

ってなんとなーく思って、**次の日には機材とか買い集めたりして、歌い手活動を始めちゃいました。**

もうほんと、思いつき。時間あるし、やりたいこととりあえずやってみよっかな、みたいな、すごーく適当な動機だったと思う（笑）。

社畜してたがゆえに貯金だけはあったから、マイクとかインターフェース[*1]とかの機材は大人買いしました。もしかしたら人生初の大人買いだったかもしれない……。

ほかにも歌い手活動をする上では、イラストやＭＩＸ[*2]などなどにお金がかかるんだけど、社会人的にはそこまで大きなお金ではなかったから、特に苦労することもなく、

「思い立ったが吉日！！」

って感じで、勢いに任せていろいろと動いてた。

学生時代には手の届かなかったようなお金のかかる趣味を、気分で始めちゃえるのは社会人の強みだよな～って思うわ。

＊1 2つの異なる機器をつなぐ規格や機能。ここでは、PCとマイク、ヘッドフォンなどを繋ぐ機器のこと
＊2 録音された音を調整する作業。音量バランスや質感を調整し、聴きやすい音にすること

〝歌い手グループ〟が流行りだした！

そんな感じで歌い手活動をなんとなーくやってみることにしたないこちゃん。

Ｔｗｉｔｔｅｒアカウント作ったり、ＹｏｕＴｕｂｅチャンネル開設したり、とりあえずなんか投稿してみよう！　って思って投稿したのが、かいりきベアさん作詞・作曲の『**ベノム**』。

この曲がないこの処女作というか、初投稿歌ってみたになります（はずい）。

でも当たり前だけど、生まれたてホヤホヤで誰も名前すら知らない〝ないこ〟っていう歌い手の歌ってみた動画がそんな再生されるわけもなく。

普通にデビュー当初は再生数も多くなかったし、たくさんいる歌い手さんの中の一人でしかなかった。

だからないこも、

「どうすればもっと聴いてもらえるんだろう、知ってもらえるんだろう」

とかめちゃくちゃ考えるようになって、いろんな歌を歌ってみたり、Twitter、YouTube、ツイキャス*とかでいろんなことをやって、楽しく試行錯誤を繰り返してたかな。

活動始めた当初はグループを組もう！　っていう考えは全然なくて、

「歌ってみた投稿するの楽しい〜！」

「いろんな歌い手さんやクリエイターさんと交流するの楽しい〜！」

みたいな感じで、やること全部が新鮮だったから、普通に趣味としてエンジョ

＊ライブ配信を行えるWebサービスおよびアプリ。歌い手の生配信の主要サービスとなっている

イしてた（笑）。

そんな感じでないこが楽しんでるその頃！

２０２０年の春くらい、ちょうどないこが歌い手を始めたくらいから、**〝歌い手グループ〟を結成するのが界隈的に大流行しはじめてたんよ。**

ないこも歌い手を始めて１、２ヶ月くらい経った頃から、

「なんかグループ組む歌い手さんめっちゃ多いな……」

となんとなく勘付きはじめてはいた（笑）。

一方で、グループを組んではみたものの、グループとしての活動が止まってしまったり、グループ自体が解散になってしまうケースもたくさん出てきてたから、

「グループ活動ってやっぱり難しいんかなぁ」

とか思ったりもした。

でも、難易度は高いかもしれないけど、ないこも歌ってみた動画を投稿してる〝歌い手〟の一人なので、今流行りの〝歌い手グループ〟を組むことに興味が湧いてきた！

グループを組むことで活動の幅も広がるし、なにより楽しそうだし！！

あと難易度が高いって言っても、まぁやればなんとかなるやろ（適当）。

みたいな感じで、**本当に「楽しそうだから」っていう理由でないこはグループを組むために動くようになった。**

こう書いてみると動機が適当すぎるんだけど、趣味だからこその適当さ、って感じはする。趣味の範囲だと、楽しいは正義だからね！

ハイスペックすぎる帰国子女・if

「楽しそうだから歌い手グループ組みたい！」っていう単純な理由だけど、**趣味のモチベが鬼ほど高かったないこは、早速SNSで一緒に〝歌い手グループ〟として活動してくれそうなメンバーを探しはじめました。**

何度も言うけど、この時点ではまだないこにとって〝歌い手〟は趣味でしかなかったから、

「歌上手い人がいいかな～～？」

「あーでも、話しててておもろいやつとかもええな～！」

「てかネットで友だち探すとか久しぶりすぎてめっちゃ変な感じする（笑）」

みたいな、メンバー探しの方向性すら決まってなくて、ただふらふらといろんな歌い手さんの歌ってみた動画やＳＮＳを漁《あさ》る毎日だったな。

でも、メンバーを探す中で、

「どうせ歌い手グループ組むならめっちゃ伸びたいよな……」

みたいな欲も少しずつ出てきて、

「じゃあどんなメンバーなら歌い手グループで一緒に大きくなれるんだろう？」

「どんなグループにしたら注目してもらえるんだろう？」

気づけばそんなことを考えるようになってた。

そんな日々の中、一番最初にグループを組もうと声をかけたのは**ㇷ（以降いふ**

まろ）だった。

時は遡《さかのぼ》りまして、最初ないこがいふまろを見つけたのは、2020年の5月頭。いふまろの代名詞といえば**『英語で歌ってみた』**だと思うけど、当時からいふまろは『英語で歌ってみた』を投稿してて、ないこが初めて聴いたいふまろの歌もそれだった。

曲はたしか、蝶々Pさん作詞・作曲の『About me』だったかな。

その圧倒的な歌唱力と流暢《りゅうちょう》な英語を聴いて**「こいつヤバい！ ただ者じゃねえ！」**って思ったのを覚えてる。

で、ないこのほうからTwitterでフォローかまして、歌ってみた動画にリプライ飛ばしてみたり、DM送るようになったりして、仲良くなったのは5月の終わりくらいからかな？

その頃にはすでにボイスチャットで通話もしてた気がする。
そんな感じで歌い手活動のことや、プライベートのことも話すようになってやっとわかったことがありまして……。

〝TOEIC満点〟という実績からもなんとなく想像はしていたけど、**やっぱりこいつくっそ高学歴のエリートサラリーマンだったよ〜〜〜〜〜!!**

残念ながらいふまろの学歴や職歴はトップシークレットですけどね! てかほかメンバーにも言ってないんじゃないかな? ないふ(ないこといふまろのペアのことです)だけの秘密かもしんない! いいやろ! あげへんで!

話を戻すと……いふまろは歌い手として伸びるためにどうしたらいいか、ちゃんと頭を使って考えることができる人で、**「こいつ英語で歌えるだけじゃなくて、**

ちゃんと将来のことも考えられるやべーやつだ！！」ってわかったときは、めーっちゃテンション上がったんよな！

そんないふまろと出会ってから少しして、ないこが〝歌い手グループ〟を組もうと思いはじめたときに、あらためていふまろのことを見てみると、ないこが、歌い手グループを成長させるのに必要だと感じていた、

「リスナーさんを楽しませたい！」

「大きくなりたい！」

っていう強い思いと、

「じゃあどうすれば楽しんでもらうことができるのかな？」

「どうすればやりたいことが実現できるのかな？」

っていう思考力の2つをあわせ持ってる、理想的な歌い手だと思ったんよね。

先の話になるけど、**結果としていふまろと一緒にグループ戦略を考えたことで、いれいすが成功する鍵となった〝デビュー曲からオリジナルソングを出す〟という強烈なコンテンツが実現可能なスケジュールで進行し、いれいすが爆誕することができた。**だからやっぱり、いふまろは必要なメンバーだったと強く思う。

そんなわけで、当時どうしてもいふまろをグループに入れたかったないこは、いつもどおり通話してるときにちょろっと、

「歌い手グループ作りたいんだけど……」って相談を持ちかけてみた。

いふまろはそれに対して、

「ええやん。どういうやつ？」

「メンバーどうする？」

って感じでめっちゃ乗り気で、前向きに考えてくれた。

それだけではなく！　なんと、

〝一緒にこのグループを成功させるにはどうしたらいいのか？〟

ということをすぐに話しはじめてくれた！　この提案力がエリートっぽいよな。

前述のとおり、いふまろはハイスペックなのですごく頭の回転が速くて、すごーーーく慎重な性格だから、大きな提案をどんどんしていく、**よく言えば豪快な、悪く言えば見切り発車しがちな（笑）、ないこととの相性がすごくよかった。**

それからは、ないこと対等な立場で、ないこと異なった視点で意見をくれるいふまろと一緒にグループのことを考える毎日が続いた。

これだけ意気投合できたのは、**二人とも社会人だったのも大きかったと思う。**

お互いただの遊びじゃなくて、仕事と同じくらいの熱量で歌い手を頑張りたいと思ってたからじゃないかな。

ないこ自身も、最初は気楽な趣味で始めた歌い手活動だったはずなのに、グループ結成を目指す中で、いふまろと話すことで、だんだんと本気の活動に意識が変わっていったと思う。

ちなみにいふまろとは、出会った当初はお互いちょっと警戒してたけど、グループを作ろうって話をしはじめてから一気に距離が近くなった感じがする！

最近のいふまろはツイートの文字のうち95％がひらがなの、**ハイパー幼児退行ばぶばぶ社会人**になってしまってて扱いに困ってるんだけど、実はいれいすメンバーの中で**一番ないこに近いところでグループを支えてくれている、冷静沈着なブレイン**なんです。そうは見えないかもしれないけど！

いれいすは6人ともめちゃくちゃ仲良くて、何でも話せる最高のメンバーなんだけど、真面目な話とか、難しい話とか、それこそ企業様が関係してくる案件とか、そういった、**深い思考力が必要な裏の活動の部分は、いふまろとないこで考えることが多いね。**

オリジナルソング『DEKOBOKO戦争』の歌詞にもしてるけど、ないこがいふまろに対して感じているのは、**「お互いが相手を認めあっているから好き勝手言い合える」**ってこと。いふまろがいなかったら、ないこだけだったら、いれいすの活動はここまでしっかりしていないんじゃないかな。

いれいすのことをちゃんと思ってるってお互いにわかってるから、奇抜な提案もできるし、それに対して素直に意見を交換できる。

そうして、ちょうどいいバランスの企画が生まれたり、ちょっと攻めたコラボができることもあるんよね。

そういう相手って、見つけようと思って見つかるものでは絶対になくて、本当に偶然の出会いが生んでくれたものだと思う。

だからこれからも、**俺たちは二人で、最高の相棒として、いれいすの見えない部分を支えていきたいなと思ってる。**

フォロワー2桁の原石・-hotoke-

ないこが〝歌い手グループ〟のメンバーを集める中で、2番目に声をかけたのが**-hotoke-（以降ほとけっち）**。ほとけっちとの出会い自体は、ないこがいふまろと出会ったときとほぼ同時期で、ないこもまだ駆け出しだったから、Twitterでいろんな歌い手さんの歌ってみたのツイートを見て、**「この人いいな！」**っていう人と絡んだりしてた時期。

そんなある日、とある歌い手の歌ってみたツイートがタイムラインに流れてきた。たしか曲は、ナユタン星人さん作詞・作曲の『レグルス』。歌ってみたツイートがRTで回ってくることなんてよくあることだし、俺もなんの気なしに、特に構えずに再生ボタンを押した。

聴いてみると、その独特な歌声に、歌い方に、**一気に引き込まれた！**

って言うと今の状況を当時から予知してたっぽくなるので違うな……。

「ビビッときた！」っていう表現が一番近いと思う。

「えっ、この声めっちゃええやん！」ってことで、ビビッときたないこは即行でほとけっちに声をかけるためにDMを送ろうとプロフィール欄を開いてみたんだけど、そこでまた驚きの事実が発覚。

フォロワー82人。

もう一度言います。……フォロワー82人です。

当時のないこのフォロワーは1000人とかそこらへんだったし、歌い手っていえば、駆け出しの歌い手さんでも、100人くらいはフォロワーがいるもの、という感じだったのに対し、当時のほとけっちのフォロワーは驚愕の82人。

「えええええええ！こんなにいい声なのにフォロワー82人ってマジ！？」

「でもいいよ！フォロワー数なんて関係ねえ！DM飛ばしちゃえ！！」

それがほとけっちとの出会いだった。いやまじでビビった。

そんなほとけっちに歌い手グループを組もうと持ちかけたのは、出会って少し経って、お互いに打ち解けたくらいの頃。

当時のほとけっちは〝自分が好きな歌を好きなときに歌いたい〟から、趣味で歌い手をしていた大学生だった。

一方で、この時期のないこは、いふまろと話し合いながら歌い手グループ（＝いれいす）の構想をバチバチに練り上げはじめていたので、〝自分たちが楽しいからする〟というモチベーションだけで動くグループじゃなくて、

「リスナーさんを喜ばせたい」

「誰かに推してもらえるような活動をしたい」

「このグループで大きな舞台に立ちたい」

というような、夢を追いかけるグループを思い描いていた。

グループとして活動するということは、必ずしも自分が歌いたい曲ばかり歌えるわけではないかもしれない。自分中心じゃなくて、グループメンバーやリスナーのみんなと歩幅を合わせないといけないこともある。

〝楽しいから〟だけでは続けていくことが難しいのもわかってる。

それでも俺は、ほとけっちと一緒にグループを組みたい。

ほとけっちには、なにか光るものを感じたから。

ほかの誰でもない、ほとけっちと大きな舞台に立ちたい。

そんな話をほとけっちにしてみると、ほとけっちはすぐにグループを組むことに賛成してくれた。

「僕バカだから難しいことはわかんないけど、ないちゃんやいふくんと一緒なら頑張れると思う！ 頑張るよ！」

そんな言葉が返ってきた記憶があるけど、振り返ってみるとあの言葉はほとけっちの大きな覚悟の表れ、決意表明だったんだろうなって思う。

ほとけっちってさ、本当に普通の大学生なんだよ。

そんなほとけっちが「頑張る」って言った意味は大きくて、**〝自分の好きな歌を好きなときに歌う〟っていうスタンスから、〝誰かのために歌う〟っていうスタンスに切り替えて「努力」してくれた。**

グループを組むまで、**俺たちいれいすは全員、人生で一番の努力をした。**

ないこも死ぬ気で頑張った。

ないこはグループのリーダーだから、みんながついていきたいと思うように、誰よりも努力して、誰よりも前に進んで、誰よりも夢を語らないといけない。

人生を振り返ってみても、**いれいすのために費やした時間ほど努力した時間はなかったと思う。**そんなないこの異様なまでの活動量に、ほとけっちは全力でついてきてくれた！

誰もが息切れする活動ペースでも、振り落とされずに一緒に走ってくれた！

「努力」ができるっていうことは、それだけで大きな才能だと思う。

普通の大学生だったほとけっちは、いれいすを結成するために「努力」の才能を開花させて、今に至るまで多くの挫折を乗り越えて、いれいすの*Dice No.2として、立派に活動してくれている。

ほとけっちのすごいところは、等身大の自分で活動に向き合って、そして数々の困難を乗り越えてきてること。

といっても、別にほとけっちが何か特別なことをして覚醒した、とかっていうわけではなくて、ただほとけっちは、人生をないこに、いれいすにかける〝覚悟〟を決めてくれた。普通めっちゃ怖いと思うよ。人生かけてんのかってくらい活動にのめり込むないこの姿を見たら、「あ、もう普通に会社に勤めて普通に社会人になる人生は送れないのかもな」って察しちゃうと思う。

それでもほとけっちは、俺と一緒に夢を追いかける道を選んでくれた。

ほとけっちはめちゃくちゃ頭がいいタイプでもないし、なにかが特別得意というわけでもない。

だからこそ、普通の大学生である自分を変えて、一般人だった過去の自分に打ち勝って、いれいすの一員として強烈な個性を発揮している、強い人間なんです。

本人は恥ずかしがって全然そんな側面を表で見せないけど！


すでに持っている才能ではなく、努力で手に入れたスキルでいれいすを支えてくれている、素敵で頼りになるほとけっち。


なにもなかった、ごく普通の人間だった俺たちが、努力で夢をつかむ物語。

それってめっちゃかっこいいじゃん。俺たちで、絶対に叶《かな》えような。

＊いれいすメンバーに割り振られたナンバー。
1番から順に年齢が若い順となっている

生まれながらの主人公・りうら

りうらを見つけたのは、2020年の5月。

いふまろ、ほとけっちと出会った頃にりうらとも出会っていた。

いれいすメンバーの中で、この3人はけっこう近い時期に出会って、お互い話すようになってたと思う。


当時のりうらは、ないこ含むほかのいれいすメンバーもそうなんだけど、歌ってみたを投稿しても100～200再生止まりで、生配信をしても10人も来ない。

そんな歌い手だった。

って言うと**「えーそうなんですか!?」**て言ってくれるリスナーさんがすごく多いんだけど、**結成前のいれいすメンバーはみんなマジで無名も無名だったよ!!(笑)**

ただ、そんな無名歌い手のりうらだったけど、**歌ってみたのレベルは群を抜いて高かった!**

今のいれいすでもトップクラスに歌が上手いメンバーだと思うけど、りうらは特に、自分の世界観を持っていて、自分をかっこよく見せながら歌うのがすごく上手い。

なんか、ゾーンに入ってる感じがする。

いれいすで生ライブをするときは、歌だけではなく、身振り手振りも加わるからさらに世界観に引き込まれる。
舞台袖でりうらのソロ曲を聴いてるだけでもそう感じるから、ステージを見てるリスナー目線だともうやばいと思う。

で、**「なんでそんなプロっぽいことできるの？」「なんでそんな歌上手いの？」**って話なんだけど、りうらは高校時代にバンドを組んでいて、3年間学校行事などでライブをするときはボーカルを務めてたとのこと！

めっちゃオシャレで、
普段からメイクしちゃう系男子で、
歌が上手い。
そりゃモテるよお前（ブチギレ）。
つまりりうらは、ないことと出会う前は比較的ネットとはあまり縁がなく、リアルの人間関係の中で生きていた人で、しかもおそらく高い確率でリア充高校生。
いや絶対お前クラスの人気グループのモテる男子じゃん。俺陰キャの王なんだけど、大丈夫そ？

そんなイケイケりうらくんは〝超絶負けず嫌い〟タイプ！

自分が一番になりたくて、
誰にも負けたくなくて、
一番になるための努力を惜しまない。

だから俺と仲良くなってすぐに、
「どうやったら歌い手で人気になれるかな？」
という話を二人でよくするようになったし、その一環としてグループを組む話が出てきたときに、

「最強のメンバーで歌い手グループを組んで、最高のライブをしたい」

って俺がりうらに伝えたところ、

「一緒に大きくなりたい」

「一緒に最高のライブをしたい」

そんな気持ちで応えてくれた。

並々ならぬ覚悟の上での**「一緒に一番になりたい」**って気持ちだったと思う。

だってさ、これだけ主人公気質で、かっこよくて、歌も上手いりうらだから、絶対高校生活が楽しくて仕方なかったと思うんよ。

毎日学校に通うのが楽しくて、帰り道に友だちとカラオケに行ったり、バカなことして過ごす時間が人一倍楽しかったと思うんよね（ないこはできなかったけど）。

でもりうらは、そんな輝かしい毎日より、歌い手としての活動を選んだ。

りうらは基本的に無口なタイプだから言葉にはしなかったけど、その選択からは、**「歌い手として、誰にも負けないくらい大きくなりたい。一番になりたい」という確固たる意志が伝わってきた。**

りうらは徹底して**「一番になるための努力」**を惜しまないのがすごい。

そもそも、りうらがなんで〝リア充でイケイケで確実にモテるような高校生〟だったのか。

誰よりもかっこよくなるためにファッションを研究してたり、

誰よりも上手く歌えるように歌の練習をしてたり。

きっと本人は無意識なんだと思うけど、**「一番になるために」自然と考えつづけて、自然と努力してるから**なんじゃないかと思う。

その**「一番になるための努力」**は当然歌い手活動においても十分発揮されてて、

「歌い手として大きくなるためには？」

「リスナーのみんなに喜んでもらうためには？」

ということを自然と自分で考えはじめて、どんどん活動にのめり込むようになった。

りうらはなにやらせてもうまくやっちゃうんだろうな、と本気で思う。

だってりうらは自然に一番になりたがってて、自然に一番になるための努力をして、自然に成功しちゃうから。

つまりりうらは、無自覚で努力して、無自覚で最強になる高校生。

こんなん主人公じゃん。お前が一番だよ。

って感じで、ここまでりうらを持ち上げつづけた文章を見ると、

「なんやこいつ！完全無欠のヒーローやん！」

って思っちゃうかもしれないけど、やっぱりりうらは**いれいすの最年少だな〜**っ

て思うところはあって、

フリートークがめっちゃ苦手で、困ったらぴよぴよしか言わなくなったり、
マックのポテトあげるだけで喜んでついてきたり、
ちょっと褒めたら無表情だけどちゃんと喜んでたり。

かわいいところはたくさんあるんだよね～～～!!! 赤組の弟枠は外せません。
これから先もずっと弟でいい。

でもきっと、優秀で努力家で、まっすぐに一番を目指すりうらのことだから、
俺が教えることはすべて秒で吸収して、俺よりもっともっと先へ、先へ、進んでいくんだろうなと思う。

本当に、この先が楽しみすぎる最年少だわ。

臆病なうさぎとの出会い・初兎

いふまろ、ほとけっち、りうらと立てつづけに仲良しメンバーが集まってきて、歌い手活動やグループ結成について話し合う毎日が続いてたんだけど、りうらの次にメンバーに誘うことになる**初兎（以降しょうちゃん）**との出会いは、それから1〜2ヶ月くらい時間が空いた2020年の夏。

「初めまして兎」と書いてしょうでーす！でお馴染みのしょうちゃんとの出会いは、**8月にないこが主催して開いた歌い手合唱企画『Blessing』と『Connecting』がきっ**

かけだった。

この企画には、すでにお互い知り合っていたいふまろ、ほとけっち、りうらも参加してて、誰からの繋がりだったのかはもうちょっとわかんないけど、しょうちゃんとあにき（＝悠佑）も参加してた。

あとから振り返ってみると、ここで初めて現在のいれいすメンバーが全員揃《そろ》ってたということになる。

しょうちゃんは『Connecting』のほうの合唱に参加してたんだけど、しょうちゃんの担当パートはほぼ合唱のみで、そのかわりに**本来歌詞がない部分にRapを入れて歌ってた。**

これはしょうちゃん本人からの要望でそうなった。

ないこ的には、オリジナルRapを作れるだけで「**すげーーーー!!!**」ってなっ

＊複数人の歌い手で一つの楽曲を歌う方式の歌ってみた企画のこと

てたのに、完成した『Connecting』を聴いてみると、超絶クオリティが高いオリジナルRapにさらに**「すげえええええええええ！！！」**ってなった（伝われ）。
ちなみに当時、しょうちゃんのフォロワー数が合唱企画参加者の中でも極端に少なかったから**「俺、異端じゃね？ｗ」**って思ってたらしい**（くっそアホ）**。

そんなしょうちゃんのRapの力を目の当たりにしたないこは、**「絶対一緒にグループやりたい！グループでRapしてほしい！」**と思って、合唱企画が終わったあとに即しょうちゃんに声をかけに行った。

「グループ作りたいんだけど～……」

んだけども！
っていうないこの誘いに、

「うーん、グループかぁ」

みたいな感じでしょうちゃんの返事は微妙だった。

でもここでしょうちゃんを手放したくなかったないこは、

「うーーーん、じゃあちょっとどんな感じで活動してるか見てみない？」

って、ないこ、いふまろ、ほとけっち、りうらが活動しているグループチャットにしょうちゃんを招待してみることにした。

それから数週間、グループチャットで話したりする中、しょうちゃんという人が一体どんな人間なのか、少しずつわかってきた。

第一に思ったのは、ほとけっちと同じで、〝普通の大学生〟だということ。

これはほとけっちのときにも書いたけど、ないこの大学時代もそうだったし、ほとんどの大学生とか高校生ってそれが普通だと思う。

第二に、**しょうちゃんはめーーーっちゃ家族が大好き**なこともわかってきた！

普段の配信とかライブのMC聴いてる人はわかると思うけど、しょうちゃん本当に家族大好きなんですよ！

しょうちゃんは実家が大阪で、当時オトンオカンと一緒に暮らしてたんだけど、大学も家の近くに通って、就職もすぐ実家に帰れるような距離の会社を選んで、

「もう一生家族と過ごす～！」

みたいなタイプ。

愛されて育ってきたのがすごい伝わってくる……。

そんなしょうちゃんだったから、**グループ活動をすることで今までの家族との毎日にも変化が生じてしまうことをすごく恐れてて、**

ないこが誘ってきているグループは、多分相当大きなグループになるんだよな。

きっと〝普通の社会人〟としての生活はできないんだろうな。

大好きな家族と離れないといけないいのかもな。

そんな不安が見え隠れしてたのを覚えてる。

しょうちゃんの気持ちの揺れは、話してるときの些細《ささい》な言葉尻とかに表れていて、ないこもなんとなくそんなしょうちゃんの不安を察していた。

ないこととしては、しょうちゃんのRapに惚れて、こいつと一緒に武道館まで行きたい！と強く思っていたし、

「いれいす一本で！一緒に頑張ろう！」

って言っちゃいたい気持ちはあった。

けど、例えばしょうちゃんが、

「僕は普通に就職して、普通に結婚して、普通に家庭を持って、普通に幸せな人生を送りたい」

って言ってきたとして、それを止める権利もないな、とも思ってた。

だから、無理やりいれいすに入れる、ということは絶対にしたくなかった。

しょうちゃんに、

「しょうちゃんが本当にしたいことってなんなの？」

って問いかけてみると、

「Rapで活動していきたい」

とは言ってくれる。

けど、**活動者として生きていくということは、〝普通の人生〟を諦めないといけないということ。**


この〝普通の人生を諦めるかどうか〟っていう選択は、しょうちゃんだけじゃなくてほとけっちも就職に際して直面していた課題だったから、よく二人でどうするのがいいか話してたのを覚えてる。

二人とも人生の岐路に立っていたんだと思う。

その後しょうちゃんは、いれいす結成のギリギリまで、毎日悩みつづけてたんだけど、ある日突然、

「俺決めたわ！ 歌い手頑張りますっ！！」

と、いつものふざけ調子で言ってきた。

それ聞いたときは正直**「えっ急になに？」**って感じで俺もビビったので、理由を聞いてみたら、

「俺多分さ、人生で死ぬ気で頑張ってみたことなくて。頑張る機会があんまりな

くて。でも今、大好きなRapで大きな舞台に立つために頑張れるチャンスがあって。どこまで頑張れるか自分でもわからないけど、ないちゃんとか、いむくん(=-hotoke-)と一緒なら頑張ってみようと思う」

と言ってくれた。

あとから聞いたら、当時、歌い手グループが大量に生まれては解散して、というのを繰り返していた時代だったこともあり、最初はグループを組むことに抵抗があったらしい。

でも、ないこや他メンバーが活動に対して、**今まで見たことないレベルで打ち込んでいる姿を見たり**、ないこが示すグループの方向性や夢、それを実現する具体的な方法を聞いたりするうちに、ついていこうって思うようになったらしい。

そのときが、**しょうちゃんが〝歌い手の初兎〟として生きていく決断をした瞬**

間だった。

面白くて優しくて、でも実は悩みがちなしょうちゃん。
深い愛を持ってメンバーのことも、家族のことも、リスナーさんのこともよく見てるしょうちゃん。

絶対に武道館に行って、お前の覚悟は、選択は、間違ってなかったよって、言ってやるからな。
最高の舞台で最強のＲａｐかましてくれ！

人生のラストチャンスをつかんだ男・悠佑

ないこが歌い手グループメンバーを探しはじめて4～5ヶ月目。
最後に声をかけた、というか仲間になってくれたメンバーが、Dice No.6 **悠佑（以降あにき）**。あにきの勧誘は**まーーーじで大変でした！！**

あにきとの出会いはしょうちゃんと同じく2020年の夏。8月にないこ主催で開いた歌い手合唱企画がきっかけだった。

当時初対面だったないこに対しての**人当たりのよさ**と、**圧倒的歌唱力**が印象的で、グループにハイトーン担当が一人欲しいなと思っていたないこは、迷わずグループを組まないかと声をかけてみた。

「合唱に参加してくれて、ありがと～！！ あんさ、俺歌い手グループ組みたいと思ってるんだけどさ！」

「あ～悪い。俺グループとかそういうのはやらんって決めててさ。ごめんな」

あにきは即答だった。

「いやいやいや、少しは考えてくれや！」って思ったけど、話を聞いてみると納得した。〝歌い手グループ〟というと、キラキラしていてアイドルっぽい活動のイメージがあるのに対し、あにきの活動スタンスはアーティスト路線で**「俺の歌**

を聴いてくれ！」って実力で勝負しにくる感じ。だからそもそも活動の方向性がまったく違う。

そして当時、新人歌い手グループが結成されては解散してを繰り返していた時期だったから、あにきの中には**「どうせ組んでもすぐ解散するんやろ？」**という疑念が強くあった。だからあにきは、歌い手グループだけは絶対に組まないと決めてたらしい。

あにきのアーティスト活動に対する本気度は、言葉一つ一つからも伝わってくるものがあって、

「俺さ、音楽で生きてきたんよ。学生の頃からバンド組んで、デカくなろうって頑張って、それで何度も失敗してきたんよな。それでも音楽で、歌で生きていく以外の人生なんて考えられんで、だから何回挫折してもまた頑張ってみようって立ち上

がってきたんよ」

みたいなこと言ってくるから、

「じゃあ俺たちもう一回やってみようよ！　俺本気だから！　本気で大きいステージに立つための作戦も考えてあるから！」

って言ってはみたけど、

「気持ちは嬉しいんやけどさ、俺音楽でやってくのは次がラストチャンスやと思ってるからさ。歌い手グループは考えてないんよ」

って感じで、全然話に応じてくれない毎日が続いた。

音楽で生きるために何度も挑戦と挫折を繰り返してきたあにき。

何度もチャレンジするということは、それだけあにき自身も身を削《けず》って生きてきたということ。

それだけ家族や周りの人間にも迷惑をかけてきたということ。
もう今は、夢のために周りを巻き込みつづけることが許される時期じゃない。
あにきの**「ラストチャンス」**という言葉には、そんな悩みと覚悟が込められていたように感じた。

あにきの覚悟と置かれてる状況は、ほかの歌い手のそれとは別次元で、別格で、特殊なことは十分理解できた。

でもだからこそ、それだけのものを背負ってるからこそ、ないこはあにきをいれいすメンバーに加えたかった。

これは持論なんだけど、**グループ活動をする上でメンバーに一番求められるものは〝同じモチベーションで頑張れること〟**だと思ってる。

みんなで決めた夢や目標を本気で一緒に追いかけることができて、夢を叶えるために誰にも負けないくらい頑張れるメンバー同士だから、どんなに苦しくても一緒に頑張ることができる。

いれいすは結果としてそういうメンバー6人が集まったから、ないこもメンバーに全幅の信頼を置けてるし、本当にしんどいとき、ちゃんと一緒に歯を食いしばるメンバーだったからいれいすはここまで来れたと思う。

だからないこは、あにきをメンバーに入れるべく、

毎日のようにアタックしつづけた！

ライブの計画とか、登録者数の見込みとか、メンバーがどれだけ人生かけようとしてるのかとか、なんかもう思いつく限りの方法で説得したけど、それでもあにきの意思は変わらなくて。

そしてついに、このまま説得できないとグループが組めない、**さすがにやばい！**
と、ないこが焦りはじめていたときのこと。

「あにき〜〜〜グループ組もうよ〜〜〜……」

「それな〜〜、ちょっとアリかな〜と思いはじめてるんよなぁ」

と、急に態度が変わった瞬間があった。

「え、なんで？」と疑問に思ったないこが理由を聞いてみると、

「メンバーにIfおるやろ。あいつおるならちょっと信用できるかなって」

ないこがまったく信用されていなかったのはなんやねんという話はさておき、If

とあにきは、もともと歌い手として繋がりがあったらしくて、Ifは社会人をしながら活動をしていることもあり、**あにき目線で見て、言動や考え方がすごく思慮深く、ちゃんと活動をしている歌い手、と認識していたらしい。**

そんなIfがグループにいるなら、このグループはいい加減な活動はしない、という安心感があり、グループを組むことを検討しはじめたとか（いや、ないこも社会人しながら活動してるんですけど……）。

あにきは**〝次がラストチャンス〟**だと言っていた。

ラストチャンスだから、結成してすぐ解散するなんていうしょうもないことは絶対にしたくなかった。

ないこからの勧誘を受ける中で、ないこもちゃんと考えててしっかりした活動者だということはわかってきていたらしい。

次の挑戦は絶対に外せない。

これを外したら俺は音楽をやめて、〝普通の社会人〟として一生を終える。だからまだ、踏み込めない。

そんなあにきの音楽への思いと、ないこの活動への思いは、Ifがいたことでようやく繋がった。

あにきは、音楽に人生をかけてきた。

歌だけがあにきの生きる目的で、歌で生きていくために何度も挑戦し、何度も挫折してきた。

バンドやグループを組んで、モチベーションや方向性の違いで解散することもあった。

自分と同じ熱量で音楽という夢を追いかけてくれるやつは誰もいないと本気で

思ってた。
もう何年音楽をやって、何年うまくいかなかったかわからない。きっと次が最後の挑戦になる。

そんなあにきが、**「こいつらとなら夢をつかめるかもしれない」**と、人生をかけることができたグループ。それがいれいすだった。
最後に加入した6人目のメンバー。そんなうちのアツい男、**悠佑を武道館に立たせて、今までの人生は無駄じゃなかったんだって本気で感動させるのが、実はないこの夢**だったりする。

この6人なら大丈夫。絶対に行こう。

名無しの活動者たちの下剋上

メンバーを集めてからいれいす結成までは、**毎日が作戦会議だった。**

当時は、いわゆる **〝新人歌い手グループ〟が界隈的に大流行**してて、多くの新人歌い手がグループを結成し、デビューと同時に多くのリスナーさんがそこに注目する、という、**ちょっとした〝歌い手グループバブル〟のような状態だった。**

多くのグループが生まれるということは、それだけ似たようなグループも生まれているということだった。

いれいすがデビューした2020年10月は、もう〝**歌い手グループバブル**〟**が終わりかけていたような時期**。正直、どこも似たりよったりだな、と思われていたと思う。

なんとなくメンバーカラーで分かれて、とりあえず「合唱歌ってみた」を出して、それからさして活動が続かず、解散。みたいなグループがほとんどの時代だったから、ここでないこがグループを作ったとしても、

「あーまた新しいグループできたよ。どうせすぐ解散するだろうけどw」

みたいに思われるのは目に見えていた。

だからないこが作る理想のグループは、今までのどのグループにもない強い個性を持ったメンバーを集めて、今までのどのグループでも実現できなかった劇的なデビューを飾る必要があった。

そんな着想から試行錯誤して集まったのが、**現在の超個性的ないれいすメンバー6人であり、「結成と同時にオリジナル曲リリース」という業界初の試み**だった。

そんな風に、デビューまでのイメージは固まったものの、**それだけでは不十分**だよな、とも思っていた。

たしかに初見のインパクトはすごいけど、それだけで終わっちゃ意味がなくて。どれだけ華々しいデビューができても、そのあとにリスナーのみんなが楽しんでくれるようなものを、ずっと応援していきたいと思うようなものを用意しないといけない。

そう考えた結果が、いれいす結成直後の**「YouTubeの毎日投稿」**だったり、**「月に2本のオリジナル曲リリース」**だったりした。

俺たちいれいすは、最速で成長して、最大級のステージに立ちたい。でもそのためには、俺たちが頑張るだけじゃなくて、リスナーのみんなにも応援を頑張ってもらわないといけない。

リスナーのみんなに応援を頑張ってもらうためには、リスナーのみんなが本気で応援したくなるような、**推し活*人生をかけてこのグループを推してみたいと思えるような、そんな活動をしていかないといけない。**

最高のステージは、俺たち活動者と、俺たちを応援してくれるリスナーのみんなで創り上げていくものだから。

俺はいれいす結成前からそう思ってたし、今ももちろんその思いは変わらない。いれいすが変わらずいれいすでありつづけることができるのは、メンバー全員が共通してこの思いを持っているからだと思う。

という感じで、デビューからしばらくの間に投稿する動画や生放送などのコンテンツが決まったあとは、それを実現するために毎日地獄のようなスケジュール

＊推しを応援する活動。「推し事」ともいう

で制作を進めた。

オリジナル曲を出す！

つまり、作詞作曲、イラスト、動画、収録、ＭＩＸ、そのすべてを自分たちで用意して進めなきゃいけない！　しかも月２本！　えぐいて！

毎日動画投稿する！

つまり、企画立案、台本作成、収録、動画編集を、毎日のように行わないといけない！　俺たちＹｏｕＴｕｂｅｒだっけ！？　毎日仕事も学校もあるんだけど！！

加えてメンバーの定期配信があり、週に1回の生放送があり、グッズを作ろうと思うと見たことのない桁のお金をかける必要がある上に、数ヶ月間のスケジュールを組む必要がある！

ライブをするにしても、半年先でも会場の予約がとれないのが当たり前だし、企業様とのコラボは長期にわたる綿密なやりとりが続いてようやく実現できる！

仕事から帰ってきて寝るまでずっとパソコンに向かって、メンバーと通話しながら活動に集中しつづけた。動画を作ってるメンバーもいれば、生配信の台本を作ってるメンバーもいて、夜の時間は基本的に6人が通話を繋ぎつづけた状態で、それぞれが別々の活動業務を黙々と進めてた。

中には寝落ちして朝まで通話に残りつづけるのが日課のメンバーもいて……。

そんな生活が、結成して今に至るまで、毎日続いてる。よく生きてると思う（笑）。

それでも自信を持って言えるのは、

ないこは今のこの生活が人生で一番幸せだということ！！

ないこはついに前職を辞めて、株式会社ＶＯＩＳＩＮＧを起業し、社長になったけど、そこになんの不安も後悔もなくて毎日が幸せです！

そう断言できるほど今が楽しくて、いれいすメンバーが好きで、リスナーのみんなと向き合う時間が大切で、**この毎日にないこのすべてを捧げてもいいいと本気で思ってる。**

ないこが人生をかけてもいいいと思える活動に出会えたことは、偶然かもしれないし、運命かもしれない。

だからこの活動に、メンバーに、リスナーのみんなに出会えた奇跡を信じて、俺が考えた最強のグループで、最高のステージまで連れて行く。

ないこの夢は〝結成3年で武道館ライブを実現させること〟。

これはいれいす初の生配信で、リスナーのみんなの前で語った、俺たちいれいす6人の夢。

俺は絶対に、夢を夢で終わらせない。

みんなに誓ったことで、〝武道館〟という夢は〝約束〟になった。
だから次に俺がすることは、約束を〝現実〟に変えること。
そのために、どれほどの努力が必要なのか、どれだけの覚悟が必要なのか、考えるだけで気が遠くなるほど、その道のりは長く険しいと思う。
でも大丈夫。俺たちには君がいるし、君には俺たちがいる。
だから、
リスナーのみんなと一緒に、
この6人で、
マイクを置くその日まで、
俺は、俺を裏切らない人生を送ると誓う。

3

PART 3

急成長歌い手グループの裏側

こうして『いれいす』が生まれた

前述のとおり、ないこが集めた最強の6人で、歌い手グループとしての準備を着々と進めていたわけなんだけど、**ここに来て一番大事なことがまったく決まっていないことに気づいた。**

「グループ名どうする……？」

この問いに答えられるメンバーはいなかった……。

いや、**実際めっちゃ考えたのよ！**すごい大事なことじゃんグループ名って！！

でも逆に、大事なことだからこそ**「これ一回決めたらもう二度と変更できないやつだよな……」**っていうプレッシャーで、これ！というグループ名を決めかねてた感じはあった（笑）。

メンバー6人で案を出しあって、本当に、いろんなグループ名の候補が出てた。

今や恥ずかしいんですけど、**ノイジーカラーズ略して『ノイカラ』**とか……なんかあと「虹」とか「レインボー」とか使ってたのもあったような気がする……

いや真剣に考えてるんよこっちは！？

で、もうやばい！グループ結成まで時間がないよ～！ってときに、ようやく俺たちのグループ名が決定した。


それが『Irregular Dice』、略して『いれいす』だった。

名前の由来はけっこうちゃんとしてて、6人のメンバーを、正六面体のサイコロ（ダイス）になぞらえて、**〝超個性的な、イレギュラーな6人〟ということで、イレギュラーなダイス、『いれいす』というグループ名になった。**

ちなみに最初はほかの案と同じくらい『いれいす』も聞き慣れないというか、違和感の残る名前だな〜と思ってたりした（笑）。

「いれいす（Erase）って、消すってことかよ！」

「じゃあリスナーネームは消しゴム（Eraser）でいいな！！」

みたいな。

あとTwitterとかでエゴサしたら**「いれいす？ イレウス（医学用語で腸閉塞の意味らしい）と思ってた（笑）」**みたいなツイートを見かけたり……。

そんなこんなで、聞き慣れなかったり、勘違いされたりしてたグループ名だけど、結成から2年を経て、今や歌い手界隈ではそこそこ有名というか、聞き馴染みのあるグループ名になりました！

すべて応援してくれているみんなのおかげです！ ありがとう！

そんな『いれいす』が結成から今に至るまで、どんな思いで、どんな考えで活動をしてきたのか。

今まで表では言ってこなかったこと。伝えてこなかったこと。実はたくさんあります。

そんないれいすの裏側部分をこれから記していきます。

2020/10

衝撃的なデビューでバズった話

いれいす結成のインパクトはハンパなかった（言葉が軽い）。

ハンパないて、どゆことやねんて話だと思うので、説明します。

いれいすの結成は、過去類を見ない、前代未聞の〝**オリジナル曲とともにデビューする新人歌い手グループ**〟だったんよね。

今までの歌い手グループといえば、そもそも〝歌い手〟グループと名乗っているこどもあり、有名な楽曲の「合唱歌ってみた動画」とともにデビューするのが通例だった。

ところがどっこい！！

「普通にやっちゃつまんないっしょ！」ということで（ないこがよくやる無茶振り）、いれいすは歌い手グループのくせに、歌ってみたではなく、〝オリジナル曲とともにデビューする〟ことに決めた！

この曲は一番初めの、デビューと同時に発表するオリジナル曲だから、きっとこれから先で俺たち6人のことを知ってくれる誰かにとって、一番印象に残るし、一番大切にされる曲になるんだろう。

だからこの曲には俺たち6人の思いを乗せよう。活動の中で方向性や気持ちが少しずつ変わってしまうことがあるかもしれないけど、**絶対に変わらない、俺たち6人と、これから出会うリスナーのみんなとの〝約束〟を歌にしよう。**

そうして生まれたのが、いれいす初のオリジナルソング『恋の約束』。

何十年先の未来を君と約束する、そんな曲。

そして**〝オリジナル曲とともにデビュー〟することで、ありえないくらい多くの人の注目を集めることができた！　つまり、バズった！！**

今までほとんど注目されていなかった6人の歌い手だった僕たちが、結成と同時に10倍以上の人に見てもらえるようになった！！　**ハンパねえ！**

具体的に言うと、いれいす結成前、ないこがツイキャスとかで配信しても同時接続者数が20人とかだったんだけど、いれいすを結成して一発目のファンミーティング配信、いれいす6人でする生配信は、**同時接続者数でいうと400人くらいの方が見てくれるようになった！！**

これってすごいことなんですよ！

当時の生配信ってさ、ぶっちゃけ僕らのことを知らない人からしたらそんなに面白いものでもなかったのよ。

今のいれいす生配信は、もはやテレビ番組かってくらい企画凝ったりして誰が見ても面白いものを作ろうと頑張ってるけど、当時のいれいすの生配信、初回配信って、静止画の画面に6人の通話アイコンが並んでて、自己紹介してちょっとお話しするだけ。しかも6人とも、生配信に慣れてるわけでもない、ド初心者って感じだし。

マジで恥ずかしいんですけど、初配信の切り抜き動画はいれいす公式YouTubeチャンネルで公開してるので、気になる人は覗いてみてください。

マジで恥ずかしいんですけどね！　マジで！！

でもね、**そんな配信を400人の人が同時に見てくれていた。**

当時実際に生配信してたいれいす6人も、

「え、人来すぎじゃね？」

「これ大丈夫？　なんか変なこと起きてない？」

「てかちゃんと生配信できるかな？」

みたいな不安でいっぱいで、目の前に映る〝同時接続400人〟っていう文字が信じられないでいた（笑）。

「俺たちはこんなにたくさんの人に見てもらえているんだ」と喜ぶ一方、**「このたくさんの人たち、ファンの人たちを、一瞬でも飽きさせないように、楽しいもの、喜んでもらえるものを出しつづけないといけない」**という強い使命感というか、責任感というか、グループとして大きくなりたいからこそ湧き出てくる感情が、より一層大きくなった。

こうやって淡々と書いてますけど、**読者の皆さん、これ気持ち伝わってますか？？？？？**

あのねえ！ 同時接続400人ってすごいんよ！？

だって400人の前で配信て、ないこの小学校の全校集会と変わらんて！！！

普通に活動頑張ろう～！ って思って死ぬ気で頑張ってる人でも、ほとんどが達成できないまま活動人生を終えることになるような数字なんですよ！！！

何が言いたいかというと。

そんな奇跡のような規模に一気に飛躍することができたのは、いれいすがすごいから、努力したからだけじゃ全然なくて。**あの当時にいれいすに注目してくれたそこの君！ 一人ひとりのおかげなんだよ、ってことです。**

俺らいれいすからしても、

ありえないことが起きてしまった。やばい、頑張ろう。嬉しい。

みたいな、いろんな気持ちが入り混じってた感じがするな。

斬新なアイデアと圧倒的な活動量

2020/10~2020/11

でね！！　さっき書いたけど、

「このたくさんの人たち、ファンの人たちを、一瞬でも飽きさせないように、楽しいもの、喜んでもらえるものを出しつづけないといけない」

この大きな使命感を、ありがたいことに僕ら6人は結成当初から抱くことができました。グループ結成と同時にオリジナル曲『恋の約束』をリリースすることが、当時の僕らの持ってた最大のインパクトのつもりだったんよ。

「これでみんなびっくりするやろ！！」みたいな。

でも、実際にびっくりしたのはいれいす6人のほうで、

「え、ちょっと人気出すぎじゃね？」

「これもう一発くらいインパクトないと一発屋になりそうじゃね……？」

「そもそも俺らのこと、ちゃんとみんなに知ってもらってないよね？」

みたいな不安から、**議論が急遽《きゅうきょ》勃発しました。伸びるって怖いんだよ……**。


その結果生まれたのが、いれいす2曲目となるオリジナル曲、メンバーが歌いながら自己紹介する楽曲『**推しが見つかる3分ちょい！**』。**通称**『**おしみつ**』と呼ばれている、今となってはいれいすの代表曲でもあるこの曲。実はタイトルはないこが付けました（いぇい）。

ありがたいことに『**推しが見つかる3分ちょい！**』は、リリースと同時にリスナー

のみんなにたくさん聴いてもらうことができて、**「この曲からいれいす知りました～！」**っていう人も当時たくさんいました！

その後もオリジナル曲を次々にリリースすると同時に、なんと２０２０年中は毎日ＹｏｕＴｕｂｅで動画投稿や生配信をしたりしてた。

せっかくいれいすを知ってくれたんだから、すぐに楽しんでもらえるようにとにかく動画を出そう！　生配信をしよう！！　ってことで。

これまた他に類を見ない、**こんな活動してるグループいねえぞ！！　ってくらいのありえない活動量**で動きつづけた。

もちろん、編集者さんに依頼するお金もないので、**動画は全部メンバーで作ってました！**

ほとけっちとしょうちゃんに動画編集を覚えてもらって、企画と音源の制作はないこがやって、みたいな。当時ほとけっちもしょうちゃんもまだ大学生だったから、動画編集どころかPCの操作もおぼつかないような感じだったんだけど、

「俺らの誰かが動画作んないと動画投稿できないんだよな」

ということで、死ぬ気で編集もPC操作も覚えてもらって、なんとか動画を投稿できるように準備を進めてた。今も泥臭いけど、**もっともっと泥臭いことをしてた時期がいれいすにもあったんですよ……。**

ハンパない衝撃的なデビューの裏で、ハンパない準備をしてたいれいすメンバーもすごいわ今思うと。

そんなこんなで、ほかの多くのグループに負けない勢いで、いれいすは順風満帆なスタートを切ることができた！ **すごい！もういれいす最強や！！**

……と思っていた時期が僕にもありました。

2020/12~2021/6

結成3ヶ月目の停滞期

いれいすを結成してはや3ヶ月。

毎日どうすればリスナーのみんなが喜んでくれるかを考えつづけ、自分の持てる時間すべてを注ぎ込んできた3ヶ月間。

それなのに、**なんかおかしいことが起きている。**というか、思ったよりなにも起きていないと言ったほうがいいのか。

「なんか、伸び悪くなってね？」

ということで！ **いれいす、結成3ヶ月で早くも停滞期来ました～～～♡**

いや笑えねえよという話！！

停滞期って言ったら当時推してくれてた子に失礼かもだけど、ぶっちゃけ停滞期でした（正直）。

まったく伸びてないかというとそういうわけではなくて、毎日少しずつ配信に来てくれるリスナーさんの人数も、Ｔｗｉｔｔｅｒのリアクションも多くなってきてて、着実に成長してるな、っていう感じはしてたんだけど、

「僕たちいれいすは、武道館ライブを目標に活動する！」と高らかに宣言したのに、武道館に立てるのはいつになるのかわからないようなゆっくりとした成長だった。

「数字がすべてじゃないよ！」みたいなお言葉をリスナーさんからご厚意でもら

うこともあるんだけど、ごめんなさい。ないこははっきり言わせていただきます。

僕たちは、数字が伸びないと活動ができません。

極端な話、活動でお金稼げないと生きていけないからね。

もちろん、活動を〝趣味〟と捉えるなら、数字なんか1ミリも考えず、応援してくれてるリスナーさんと楽しく過ごすことだけを考えるエンジョイ的な活動方針もアリだと思うんよね。

でもね、**いれいすが目指してるのは〝武道館〟なわけじゃん。**

そしていれいすを応援してくれてるリスナーのみんなは〝武道館に立ついれいすが見たい〟わけじゃん。

その期待に応えるためには、その約束を守るためには、やっぱり数字が超絶重要になってくるんよな（生々しい話でごめん）。

当たり前の話だけど、武道館って1万人以上が入ることができるすごく大きな会場なんだけどさ、ネット上の生配信で1万人以上集めることができないグループに、武道館を埋めることができるわけないいんよ。

だから、**ゆーっくり成長してるいれいすを見て、ないこは焦り散らかしてた。**

「こんなペースじゃ、武道館行く前に飽きられちゃうんじゃないかな?」

「もっとみんなを楽しませるにはどうすればいい?」

「みんなが友だちにいれいすを広めてくれるためにはどうすればいい?」

毎日死ぬほど悩んで、考えて、できることをすべてやって、仕事の合間にいれいすの企画を立てたりして、多分人生で一番ハードな時間を送ってたと思う。

フルアルバムを出します! 1stライブが決まりました! 企業様とコラボが決定しました! でも、新しいことだけじゃなくて、動画投稿や生配信も今までどおりずっと頑張ります!!

思いつく限りの活動をしつくして、ないこにできることはすべてやって、それでも、**いれいすの成長はゆっくりだった。**

ライブに関しては新型コロナウイルスの影響で東京都からの要請があったりして、**1stライブが2回も延期になった。**

すごいシビアな話、当時のいれいすは、僕たち6人が活動だけで生活できるほどのお金を稼げていなかった。

だからメンバーはみんな仕事をしながら、バイトをしながら、学校に通いながら、それ以外の時間すべてをいれいすに注ぎ込んで生活してた。

いつか俺たち6人が花開いて、武道館に立てる日が来るんじゃないか。

今ここで泥水すすって死ぬ気で頑張っていたら、俺たちが大好きな音楽で生活できるようになるんじゃないか。

でもふと思うわけ。

今、仕事辞めたら生活できないよな。

日中は仕事して、帰ってきたら活動して、限界の睡眠時間で毎日働いて、土日も祝日も全部いれいすのために使ってるのに、この毎日はいつ変わるんだろう。

活動が楽しくないわけじゃない。ものすごく楽しい。

でも、俺の会社の同期は俺が活動に使ってる時間で、仕事のスキルアップをしたり、友だちと遊んだり、結婚相手を見つけたり、**人生が前に進んでる。**

俺はいつまで身を削りつづければいいんだろう。

そう思ってたのはきっと俺だけじゃない。

ほかのメンバー5人だって、生活のほとんどをいれいすに捧げてた。

家に帰ったら深夜の2時3時までみんな通話で作業してることなんて当たり前

だった。中には、就職を蹴って活動に集中することを決断してくれた人もいた。

それなのに、この苦しい日々から抜け出せない。

好きなことをしてるはずなのに、思いどおりにいかないジレンマに苛《さいな》まれつづけ、心身ともに限界がきそうなこともあった。

そんな日々の中、**誰かの心が折れかけたとき、支えてくれるのはいつもメンバーだった。**

書いててもしんどいし、読んででもしんどいと思うけど、本当にしんどかった！　伸びるかもわからない動画を何時間もかけて編集すること。学生メンバーはその編集時間にバイトしてたら生活が少しでも楽になってたと思うと……。

ないこはないこで寝る時間削って企画考えて進めて、明日は大事な会議があるのにほぼ寝ないまま出社することになって、これ毎日続けてたらマジでいつか死ぬんじゃないかと思いながらも活動しつづけてた。

しんどいなんて絶対表じゃ言わない、言えない6人だったから、しんどいときはお互いに慰《なぐさ》め合ったり、支え合ったりした。**深夜3時まで通話を繋いでたのは、活動をするためでもあり、お互いが壊れないようにするためでもあったのかもしれない。**

6人が6人を支え合って生きていたと言っても過言ではないと思う。

どれだけ先が見えなくても、折れずに活動を続けられたのは、**どれだけしんどくても活動量を変えずに頑張ってこれたのは、きっといれいすがこの6人だったからだと思う。**

バズりました

2021/7～2021/9

そんなわけで、決して表には出さなかったからみんなは気づいてなかったと思う〝**めちゃくちゃしんどい時期**〟を過ごしていたいれいす6人だったわけですが、活動1周年を迎える直前の夏、

ついにバズりました。

バズったのは、今となってはお馴染みのいれいす歌企画〝**息継ぎなしで歌って**

みた〟〝〇〇と言ったらキーが上がっていく歌ってみた〟などの動画シリーズです。

これはいれいすが「歌を使って面白いことができないか？」といろいろ模索していた中で生まれたバリオモロ企画なんですけど、これが急にバズりました。

当時のことはめっちゃ覚えてて、ちょうど2021年の7月末くらいにYouTubeの動画投稿の準備をしてたんだけど、なんか急に再生数のメーターがばこーんって高くなってて、

「ん？なんか再生数すごいことになってね？」

って思って、なにが起きてるのかよく見てみたら、前日に投稿したばかりの歌企画動画が凄まじい勢いで再生されていることに気づいた。

で、それを見たないこはすぐにメンバーに連絡して、

「やばいバズった!!!!やばいおい見ろ!!!早く!!!!!!!!!」

みたいな**語彙力《ごいりょく》0の報告をしばらくしてた（笑）**。

なんでバズったのかというと、まぁ多分運なんだけど、

「バズったんならバズった動画投稿しまくるしかないっしょ」

ということで、ちょうど夏休みが始まる時期だったこともあり、週に3本も4本も歌ってみた動画を投稿することになった。

もうこのときのいれいすメンバーは凄まじくて、**このチャンスを逃したら俺たちは終わる！！**っていうくらいの勢いで動画制作に取り組んでました。

徹夜して企画を考えて、毎日のように収録をして、ＭＩＸしてもらって、動画も作って、投稿、投稿、投稿……みたいな。

僕たちいれいすのリスナーさんは学生さんが多いと思うけど、そんな学生リスナーさんがたくさん動画を見てくれる夏休みだからこそ、僕らは面白い動画を、たくさん投稿したいよな！！ということで、狂ったように動画を作ってた。

これが２０２１年の夏のこと。

バズったのは本当にありがたいことなんだけど、この夏はいれいすにとってマイナスな出来事もたくさんあった。

1stワンマンライブも、コロナの影響で2度も開催を延期してしまっていたし、ワンマンライブとは別に『Irregular Summer!』っていう**東名阪ツアーライブもすべて中止になっていたし。**

6月までのいれいすは、一度もライブができないまま夏休みを迎えてしまうことになり、自分たちがやりたいことがなにもできず、本当に絶望の淵《ふち》に立たされていたと思う。

だからこそ、そんな僕たちいれいすにとって、**今自分たちの動画がバズってるのであれば、そこに全力投球するのが今できる最大限の活動**だと思って、動画投稿に明け暮れていた。

一方で、

「YouTubeやTwitterなどのSNS以外でもいれいすは活動できるんじゃないか」

「俺の社会人経験が活きる活動領域があるんじゃないか」

と思ったないこは、いれいすとコラボしていただけそうな企業様をリストアップし、ないこ自身がメールを送り、話を聞いてくださる企業様の本社に実際に足を運び、会議をして、実際にコラボできるまで何度も交渉を続けたりしてた。

「今勢いのあるグループなんです！」

「絶対武道館行くんで！！大きくなったら御社にも恩返しできると思います！！」

「僕自身もメンバーでして！企業に勤めながら本気で活動してるんです！！」

みたいな会話をいろいろな企業様とさせていただいた記憶があります（その節は大変お世話になりました）。

そんな努力が実り、夏休みの間、動画の毎日投稿や24時間リレー生配信に加え、いれいす初となるファミリーマートさんコラボでの全国展開を果たすなどなど、僕らにできることはすべてやりきった！

そんな夏休みの終わり、２０２１年８月29日。いれいす念願の**1stワンマンライブ『Irregular Stage!』も大成功を収め、YouTubeのチャンネル登録者数も10万人を超えていた！** **文字どおり、〝化けた〟夏だった。**

ただバズっただけじゃ、いれいすは大きく成長できていなかった。

どんな逆境でも諦めず前を向いていた6人だから。

全力で取り組まないといけないときに迷いなく全精力を注ぎ込むことができた6人だから。そしてそんな僕たち6人が頑張るための原動力、〝応援〟を絶え間なく続けてくれた**リスナーのみんながいたから。**

いれいすはあの夏を越えて大成できたんだって、今だからこそ思う。

なぜいれいすはバズったあとも伸びつづけたのか

2021/9~2022/3

過去最大に跳ねた**「大バズの夏」**を越したいれいす。
夏休みが終わって少しは落ち着くかな？　と思ったそこの君〜〜〜〜〜〜！！

甘いね。俺たちの夏は！！　終わらねぇッ！！

ということで、
「せっかくバズって勢いついたんだから、これからも最強の勢いのまま活動ガンガ

ンやりたくね？」

体力オバケいれいす6人の間でそんな話になったのが2021年9月のこと。

実は9月以降にもいれいすっていろいろとイベントを用意してた。

10月はいれいす**結成1周年**で、

12月からはいれいす初の**全国ツアーライブ『RAID OF DICE』**があって、

年末年始には**カウントダウン配信**や**年末年始の毎日投稿**があって。

みたいな。

だから夏の勢いを殺さず、**このまま行けるとこまで行っちゃおうぜ〜〜〜！！**

夏休みフィーバータイム延長や〜〜〜！！

って感じで、メンバー一同めちゃくちゃモチベ高く活動に取り組んでました！

もうそれこそ、夏休みもそうだったけど、身を粉にする勢いで！！

「ちょっと疲れたけど、眠いけど、でも今頑張ったらリスナーさんがめちゃくちゃ喜んでくれるものが作れるんだ！！」

みたいな感覚だったと思う。

ないこに関してはもう、

「俺の人生、ここで終わってもいい……」

ってくらいのめり込んでたな……よく生き残ったな俺……。

でもなんか、お祭りみたいで楽しかった！（笑）

そんなこんなで、全力疾走で動画投稿、生配信、ライブをやりきったいれいす。

チャンネル登録者数も20万人、30万人と急激に増えつづけ、全国ツアーライブ『RAID OF DICE』も大成功のうちに無事、品川ステラボールでの最終公演を終え、

2022年の3月には、**もはや無名の6人が集まって1年ちょいとは思えないような大きな歌い手グループになっていました。**

ただね、それでも僕たちいれいすは決して自分たちのことをすごいと思ってないし（少しは頑張ったな、くらいには思ってるけど）、絶対に満足しなかったんよ。

それどころか、**いれいすが伸びれば伸びるほど、大きくなればなるほど、僕らの不安は大きくなっていて。**

「この勢いがいつか急に終わっちゃうんじゃないか」

「応援してくれるリスナーさんの人数に対して、僕たち自身の実力が伴ってないんじゃないか」

「少しでも油断したら、一気に今の状況が変わってしまうんじゃないか」

みたいな、慢心が招く最悪の事態を極端に恐れて活動してた。

このときの感覚や心理状態はデビュー当初のバズのときと似てるかもしれない。

うちのメンバーでいうと、Ifが堅実な性格をしていることや、悠佑が長いバンド活動の中で凋落《ちょうらく》していったバンドをたくさん見ていることもあり、

「少しでも油断したら一気に終わってしまう」


ということをお互いに言い合うような雰囲気が常にあった。

もちろんないこ含め、６人とも全然慢心するようなタイプじゃないし、目の前の活動に一生懸命なんだけど、それでも毎日が怖かった。

自分は全力でやってるつもりだけど、もしかしたら心のどこかで油断してるかもしれない。

その小さな油断が、なにか大きな失敗に繋がるかもしれない。

自分のせいで、今最高に輝いてるいれいすをダメにしてしまうかもしれない。

そんなつかみどころのない不安があったから、お互いがお互いをチェックして、お互いに油断しないよう、慢心しないよう、いれいすが6人で足並みを揃えて前に進めるよう、**怖がりながらも毎日頑張りつづけていた。**

心理的にはけっこうきつい場面もたくさんあったけど、**6人全員がやる気に満ちあふれていて、同じ方向を見て最善を尽くす毎日**は、どこか部活みたいな雰囲気もあって、それはそれで楽しかったな。

2022/4~2022/10

ついに動員2万人のライブを実現

そんなこんなで、楽しいような苦しいような、強豪野球部みたいな毎日を繰り広げていたいれいすにも**新学期がやってきました！！**

２０２２年４月以降のいれいすの活動を振り返ると、挑戦に満ちあふれていたな！と、今は思う！

5月～7月には、いれいす初となる**各メンバーのソロワンマンライブ**を開催。

それと対を成すように、メンバーのソロＣＤアルバムを展開。

同じく5月には、いれいす初となる**3Dライブ*をYouTubeで全世界完全無料生配信。**

そして7月には1stメジャーアルバム『DICE』でメジャーデビューを果たし、いれいす最大規模となる13会場を巡る、**動員約2万人の全国ツアーライブ『Irregular Vacation』を開催。**

そしてそれと同時に各種コラボカフェや巨大交通広告、その他諸々のコラボコラボ……。

「いれいすさん、やりすぎですよ~~~!」

とリスナーさんからクレームが来るぐらい、新しいことへの挑戦を繰り返しました!

正直ないこからしても、**「やりすぎだろ」**ってくらいやった。間違いなく。

＊ライブパフォーマンスを3D空間で行うライブ

いれいすの特徴として、**「活動量が異常に多いグループ」**ってのがある。

これは意図的にやってることでもあるんだけど、

「世の中には山ほど歌い手グループがあるんだから、その中で一番活動頑張ってないと推してもらえないでしょ」

っていう考え方とか、

「こんなにたくさんの人に応援してもらえてるんだから、俺たちができる最大限を出しつづけないと失礼でしょ」

っていう気持ちとか、いろんな思いが入り混じって、いれいす6人の限界まで活動させてもろてます！

それと同時に、特に企業様コラボなんかは、グループが大きくなることでお取り組みしていただけるようになった案件、お声掛けいただいた案件もとても多いんですよ。次々にできることが増えて俺たちいれいすも嬉しいし、それでリスナーのみんなにもっともっと喜んでもらえるなら、できる限りのことをしつづけるぜ！って感じ！

リスナーさんにも企業様にも関係者の皆さんにも、感謝感謝です！

また、この期間で印象に残ってるのはなんといっても**全国13会場を回った夏の全国ツアーライブ『Irregular Vacation』**。

2ヶ月弱で！ 13会場て！！

1週間に2回以上ライブしとるがな！

しかも全部1日に2回公演やるんですよ！

もう信じられんくらい、体力勝負の夏でした！！

ないこは体力あるほうだからまぁギリ耐えてたけど、メンバー全員けっこうヒーヒー言いながら全国を巡っていました（笑）。

それでも無事完走できたからみんなやる気というか根気というか、活動に対するやりきる力はさすがだなと思う。**最強のメンバーや！**

中にはライブが続く関係で、1週間以上東京に戻らず、移動してはライブを繰り返す期間もあって、

「うわーアーティストみたいなことしてんなー」

ってメンバー間で話したりしてた（笑）。

ライブを1日に4時間以上する日が断続的に続いて、楽しいのと同じくらいめちゃくちゃ疲れる夏休みだったんだけど、**移動も宿泊もずっとメンバー6人で過ごしてたから、修学旅行みたいな気分で全国を巡れたのは今までにない体験で、す**

ごく楽しかった。

楽しいことも苦しいことも、あの夏の6人の大切な思い出になったし、なによりも6人で長時間一緒にいることで、単純にめっちゃ仲良くなった！

いれいすの絆がぐっと深まった全国ツアーだったなーと思う。

そしてそれと同時に、**全国各地にいれいすのリスナーさんっていてくれてるんだ！と再認識した全国ツアーライブでした！**

僕らは普段動画投稿や生配信で、顔や体を出さずに活動してるわけなんだけど、そこで応援してくれるリスナーのみんなとは、どうしても画面越しのコミュニケーションしかとれないんだよね。

もちろん画面越しでもみんなの応援はすごく感じるし、ありがたいものと思ってるんだけど、それでもやっぱり、実際にライブ会場で目の前でリスナーさんに

会って、楽しそうにペンライトを振ってくれていたり、笑みを浮かべてくれていたりするみんなの存在を直《じか》に感じると、

「あっ、俺たちのリスナーさんって本当にいるんだ」

ってあらためて思わされるんよね。

しかも今回の全国ツアーライブでは13会場。文字どおり、日本全国津々浦々を巡ったわけだけど、**もうどこの地方に行っても会場いっぱいにリスナーさんがいてくれるのよ。**

「地方まで来てくれてありがとう〜〜！」って。

いやお礼を言うのはこっちよ。

いつも応援してくれてありがとうな！って話！

それが嬉しくてしょうがないし、この日本中にいるリスナーさん一人ひとりの

おかげで、今のいれいすは存在してるんだ、俺たちは活動できてるんだ、って思うと**愛おしくてしょうがないわけ!**

ライブが終わったあと、どの会場でもメンバーみんな口を揃えて「**もっと頑張らなあかんな!**」って言ってるのよ。

ライブ会場に来てくれた子を見て、この人たちの応援に応えられるくらい頑張りたい、この人たちが胸を張って応援できるように活動したい、っていう気持ちが湧き上がってくるんだよね。

そんな地方のライブを経て、全国ツアーライブのFINAL、**何千人というリスナーさんが集まったパシフィコ横浜に立つことになるいれいす。**

両目の視界だけじゃ見きれない大会場は、3階席まである驚異的な立体空間。

ライブが始まって、実際にステージに立って唖然《あぜん》とした。

人が多すぎる。

マジか。こんなにたくさんの人が、俺たちと会うために同じ場所に集まってくれてるのか。

たしかに生配信では1万人以上の人が同時に見てくれているけど、同じ時間、同じ空間に、これだけの人がいれいすを待ってくれている光景は衝撃的だった。

ライブを重ねるたびに、**会場の規模もどんどん大きくなっているいれいすだからこそ、その規模の大きさにメンバー自身も毎回驚嘆してる**わけなんです。

「いうて、もうライブも何回もしてるから慣れたでしょ〜?」

というリスナーさんの声もちょいちょい見かけますが、全然慣れません。

だって冷静に考えて、**数百人規模の初ライブから1年半後に数千人規模の会場でライブしてんのよ??** いや、経験値追いつかんて。そんな急激に会場大きくなるアーティストおらんて。今でもリスナーさんと目を合わせるの恥ずかしいて（これはないこだけかも）。

そもそも僕らいれいす6人とも、1年半前まで一般人よ？　ライブ慣れしてるのはあにきだけ。そんなあにきでも、毎会場ごとにめちゃくちゃ気合い入れて挑んでる。

そしていつもと同じく、これだけの人たちの期待に応えられるように全力でパフォーマンスをしよう、また来たいって思ってもらえるようにすべてを出しつくそう、**自分にできることは、なんだってしよう**、と、強く思うわけ。愛だね〜。

俺たちいれいすは常に新しいこと、よりすごいことに挑戦していく。
それを支えてくれるのはいつだって、目の前にいる一人ひとりのリスナーのみんななんだよ。

2022/10~

歌い手社長の誕生

そんなわけで、YouTubeを中心に怒濤《どとう》の勢いで成長を続け、夏の全国ツアーライブで約2万人を動員し、過去最大の盛り上がりを見せたいれいすですが、ついに結成2周年を迎えるときが来ました。

2022年10月9日。いれいすが結成2周年を迎える日。

結成2周年記念の24時間生放送を行い、これまでの2年間を振り返りながら迎える2周年。2周年を記念したオリジナル曲は、歌い手界隈で知らない人はいないと言っても過言ではないビッグアーティスト、**HoneyWorksさん書き**

下ろしの『君のために生まれてきた』。

同時接続者数1万6000人を超える大感動の生配信の場で、いれいすがリスナーのみんなに伝えた超重大発表。

それは、いれいすの〝法人化〟でした。

前述のとおり、いれいすは活動のほとんどを、メンバー自身で行ってきた。ライブを開催するのも、グッズを作るのも、動画投稿も、企業様とのコラボも、すべて、メンバーが考え、手を動かし、会議し、実行してきた。

ただ、2周年を迎え、動員2万人のツアーライブを開催するいれいすの規模感で、そのすべてを**〝個人〟として行っていくのには限界が生じてきた。**

信用の問題で、法人格*を持たない個人とは取り引きすることができない企業様もいるし、そもそもいれいすが活動のために行っている商業活動を個人として捉えるのも難しい、などなど……。

*法人の権利能力のこと。法人格を持つと、法人として企業との契約を締結したりすることができる

要は、**「もういれいす、法人化したほうが活動の幅広がるよね？」**って話になったので、いれいすは法人化、**つまり会社を起こしました！！**

その会社の名前が**『株式会社VOISING』**。

ないこが社長を務めさせていただいている、**日本最大級の2・5次元アイドル事務所です**。会社を起こすにあたり、ないこも前職を**完全に退職しました**。

それまでは会社に勤めながら活動をしていたけど、多くの社員やメンバーの人生を背負うことになる〝社長〟としてやっていくなら、ないこも人生をかけて、すべてを捧げる覚悟でフルコミットしなければいけない。

じゃないと、ないこやいれいすを信じてついてきてくれた社員や関係者の皆さんに顔向けできない。対等な立場で活動を、仕事をしていくことができないから。

ただ会社を辞めたんじゃない。ただ社長になっただけじゃない。ないこは自分の人生の中で、それだけ大きな決断をしました。

ただ、このVOISINGという会社はいれいすだけで起業したものではないんです。『**いれいす**』『**すたぽら**』『**シクフォニ**』という3つの歌い手グループ、合計17人が、合同で起こした会社です。

細かい説明をすると長くなるんだけど、めっちゃ簡単に言うと、

「3グループが一緒に起業したら、お互いのいいところをシェアできて最強になるくね！　それで歌い手グループ界隈盛り上げられるんじゃね！」

という思想でVOISINGが生まれたわけです。

いれいすのメンバーは言うまでもなく、6人が同じくらい活動に人生をかけて、すべてを注ぎ込んで、**めちゃくちゃに高い熱量で活動してる。**だからこそ活動を

続けることができてると思ってる。

一人でも熱量が低いメンバーがいたら、多分そのメンバーは熱量に差を感じてしまって辞めちゃってると思うんよね。

だから、VOISINGという会社を起業するときに一番大切にしていたのが**「所属グループ・タレント全員が、活動に人生をかけていること」**だった。

〝複数の歌い手グループ合同で起業しよう〟という構想自体はけっこう前からないこの中にはあった。いれいすだけでこの歌い手グループ界隈を盛り上げることができるとも思ってなかったし、いれいすの6人だけじゃなくて、ほかにもたくさんの歌い手さん、歌い手グループさんがいるからこそ、歌い手グループという界隈は盛り上がってる、成り立ってるんだろうと思ってたし。

だから、数ある歌い手グループの中でも、トップクラスに熱量の高いグループ、いれいすと同じくらい活動に人生をかけてると思えるグループ、**一緒に競い合っ**

て高め合えるグループであれば、一緒にこの界隈を盛り上げていけるかもしれない、と思ってた。

「あ、こいつら本気だ」

っていうのは、活動者やってたら見たらわかるところあるのよ。

で、当時のすたぽらメンバーと実際に話してみたら、やっぱり俺たちいれいす6人と同じで、人生かけて活動に取り組んでる**高い〝熱量〟**を感じた。

そして、すたぽらリーダーのCoe.と一緒に開催した新人歌い手グループオーディションから生まれた『シクフォニ』というグループも、**活動に対する〝熱量〟が高い6人を選抜した。**

こうして、VOISINGという会社は、全員の熱量が揃ったメンバーで起業することになった。といっても、起業ってそんな簡単なことではなくて、普通に活動人生を考えたらめちゃくちゃ大きなターニングポイントです！！

一言では言えないけど、今までとは変わってくるポイントもたくさんある。

だからいれいすメンバー全員に聞いてみた。

「起業したほうがよさそうなんだけど……」

「すたぽらとシクフォニと合同で起業するのがよさそうなんだけど……」

同じように、すたぽらメンバーやシクフォニメンバーにも聞きました。

「一緒に起業するのとかどう……？」

3グループ合計で17人の歌い手がいるわけだけど、全員が全員活動に本気だからこそ、起業に対する議論にはかなり時間がかかって、「これってどうなの？」「この場合どうなるの？」みたいな感じで、起業に際していろんな疑問や懸念が生まれてきて、それを一つずつ解決していくような期間があった。

そして最終的に、17人が17人お互いに、

「こいつは自分と同じくらい活動に人生かけてる」

と信頼し合えたから、**史上初の歌い手3グループ合同での起業が実現した。**

VOISINGの社長はいれいすリーダーのないこが務めることになった。

けどこれは、ないこがほか16人の上に立つことを意味するのではまったくなく、
17人はみんな平等な関係性の中で、代表としてないこが社長を務めているだけ。

いれいすもそうであるように、VOISINGも大切なことは**メンバー全員で協議するし、メンバー全員の合意があって初めて実行できる仕組み**になってる。

だからないこ自身、VOISINGに対して特別な権限を持ってるとかも全然ないです。よく**「リーダー特権だー！」**っていじられるけど、いれいすに対しても特別な権限とか特になくて、逆にないこがリーダーだからといって好き勝手やっ

てるような体制だったらほかのメンバーは誰一人ついてきてないと思う（笑）。

そんな、株式会社ＶＯＩＳＩＮＧを起業した目的は、

〝歌い手グループ界隈を盛り上げること〟。

どうしても〝歌い手〟という界隈は歴史が浅いこともあり、まだ世間一般に認められているような界隈ではないと思うんよね。

今でもお父さんお母さんに**「歌い手推してるんだ〜」**って言って理解してもらえるケースって多くはないと思う。

僕らはインターネットを中心に活動してるからお茶の間のテレビにはなかなか出てこないし、顔も体も隠してるから得体の知れない〝誰か〟でしかないと思われがちだし、人の歌を〝歌ってみた〟という活動内容だから、アーティストと思われるのも難しいかもしれない。

そんな**僕たち歌い手を、界隈ごと盛り上げ、世間一般に認められるような存在に**

するために、株式会社VOISINGを設立したわけです。

法人化によって得られるわかりやすいメリットは、企業様が絡むようなコラボ案件や、メディア展開、そして巨大な規模の会場でのライブ開催などがより幅広く行えるようになるところ！

「最近テレビで歌い手見たよ。流行ってるみたいだね」
「あんな大きな会場でライブするなんて、歌い手ってけっこうすごいんだね」
「店内放送で歌い手の曲が流れてたよ」

そんな会話が飛び交うような時代を作ることが、VOISING社長としてのないこの使命だと思います。今日も明日も明後日も、人生のすべてをかけて、活動させてもらうので、みんなで新時代見に行こうな。

君がいないと存在できない

〝活動者〟ってまずなんだと思いますか？

めーっちゃざっくり言うと、**〝ネット上で動画投稿や生配信してる人〟**って感じなんだけど、活動者ってぶっちゃけ今の時代は誰でもなることができるんよね。

スマホ一台あれば歌も録音できるし、動画編集もできるし、YouTubeに動画投稿もできる。ほら、これだけで歌ってみた動画を投稿できるから歌い手になれるよ！　簡単でしょ！

それだけ活動を始めることのハードルが低いこの時代、活動者の人数がすごく増えてる気がしてて、活動者人口自体はけっこう多いんじゃないかな。
活動者のほとんどは、なにかしらの憧れがあって活動を始めた人だと思う。**「あの人みたいになりたい！」**とか**「あんなことやってみたい！」**とか。
そしてその憧れに近づくためには、夢を叶えるためには、リスナーさんの応援が不可欠。同じ夢を追いかけて、一緒に頑張ろうって、そばで支えてくれる。そんなリスナーさん、ファンのみんなが少しずつ増えて、増えて、そしてついに夢を叶える。それが活動者の人生なんだろうなって思ってる。

ないこはそんな活動者とリスナーさんの関係をけっこう重く捉えてるところがあって、**〝ないこ〟っていう存在は、リスナーさん一人ひとりが応援してくれて初めて存在してると思ってるのよ。**

誰かに見られてるから、応援されてるから、〝ないこ〟としての存在価値がある、と言ったら伝わるかな。

逆にリスナーさんが誰もいなくなったら、〝ないこ〟はインターネット上に存在できない。極端な話、存在する意味がないとまで思ってる。

だから、**応援してくれてる一人ひとりがないこの生命線だし、一人でもいなくなったら活動者としての死に近づく、くらいまで思ってる**から、ないこにとってはリスナーさん一人ひとりが本当に世界一大切な存在なんだよ。

そんなないこの活動者としての目標は、**〝いれいすで武道館でワンマンライブをすること〟**。実はこの〝**武道館でワンマンライブをする**〟という夢は、いれいす6人での初配信で何気なく言った**「夢は～～……やるからには大きく、武道館ライブとかかなぁ～？」**という発言が始まりなんです。

最初は本当に、言うだけタダの夢物語だった〝武道館ライブ〟が、グループの成長とともにだんだんと現実味を帯びはじめてきて、

「やるんだったら、歌い手グループ史上最速で〝武道館ライブ〟をしたい」

「グループ結成から3年で武道館ライブをすれば、この界隈最速で武道館に立つことになるらしい」

「だったら俺たちの夢は〝結成3年で武道館ライブを実現する〟ことだろ」

という風に、**歌い手グループ界隈で未だ誰も達成したことのない、壮大な目標地点に変わっていった。**

そしてその達成のためには、リスナーさん一人ひとりの応援がめっちゃ重要。だから**「みんな応援してくれ〜〜〜!」「頼む〜〜〜! 布教してくれ〜〜〜!」**ってもちろん思ってるんだけど、一方で**〝応援する〟ってそんな簡単なことでもないとも思うんよね。**応援って例えばどういうことだろう? って考えたら、

- **動画を再生する**
- **高評価ボタンやいいねを押す**

・Twitterのリツイートとかで拡散する
・リプライやDMでメッセージを送る
・応援グッズやCDを買う
・ライブに行く
・お茶爆*やスーパーチャットなどを投げる
・ファンアートとか描いてみる　などなど……。

もうほんといろんな〝応援〟の仕方があるわけだけど、**すべてに共通するのは〝応援〟するためには〝時間やお金が必要〟ということ。**

「動画見るのなんて簡単じゃん！」って思うかもしれないけど、5分の動画を見る時間を使って宿題が一つ終わったかもしれない。家事が少し進んだかもしれない。友だちと楽しくおしゃべりできたかもしれない。

そんなかけがえのない時間を、あえてないいこを、いれいすを応援するために動画を見ることに費やしてもらってる。それが〝応援される〟ということだと思う。

お金に関してはもっとわかりやすいよね。

缶バッジやアクリルキーホルダー一つ買うために、どれだけの時間働く必要があるんだろう。まだバイトもできない小中学生の場合、貴重なお小遣いを使わないとグッズを買うことすらできない。

それでも、僕たちのために、**大事なお金を使って応援してくれている。**

そんなリスナーのみんなからの応援は、**言い換えると、リスナーのみんなから〝人生の一部を分け与えてもらってる〟ということだと思う。**

ありがたいことに、ないこという活動者は今、Twitterのフォロワーでいうと8万人以上の方に応援してもらってる。

いれいすというグループも、YouTubeでいうと50万人を超える方にチャ

＊視聴者が配信者に対して応援の意味を込めてオンフイン上で送金するシステム。ツイキャスの場合はお茶爆、YouTubeの場合はスーパーチャットという

ンネル登録してもらい、応援してもらってる。

ないこは、いれいすは、それだけの人の、人生の一部を、応援として受け取りつづけていると思ってる。

僕らがグッズを出せるのも、ライブができるのも、配信したら何千人もの人が見に来てくれるのも、すべて、みんなの人生の一部を分け与えてもらってるからこそ、できていること。

全然当たり前じゃない。

〝応援〟は、誰もが受け取れるものではないし、簡単に受け取っていいものでもない。だから僕らは、というかないこは、いろんなかたちで応援してくれているみんなにお返しをするために、人生をかけて活動をしたいと強く思う。

リスナーのみんなが人生かけて応援してくれてるんだから、俺ら活動者側も人生かけて活動しないとフェアじゃないでしょ？

僕らができる最大のお返し、恩返しは、リスナーのみんなと約束した夢を叶えること。

きっと君は、僕たち活動者が描いてる夢に共感して、その夢を叶えてあげたい、一緒に夢を叶えたいって思って、応援しようって思ってくれたんだよね。

僕らがリスナーのみんなからもらってるものは計り知れないし、すべてをお返しすることは不可能ってくらい、毎日多くの応援をもらってる。

だから、僕らができる精一杯の恩返しは、夢を叶えること。

応援したかいがあったねって、応援してた時間は、お金は、無駄じゃなかったって、思ってもらえるように、日々全力で活動すること。

僕たち活動者は、ファンからいろいろなものをもらって生きている。

だから、僕たちは、人生をかけてその応援に応えていくべきなんだと、ないこは思う。

活動者の君へ

めちゃくちゃありがたい話なんですけど、僕たちいれいすの姿を見て、

「活動者になってみたいです！」
「もっと活動頑張りたいです！」

っていう声をたくさんいただいてまして。

で、まだ僕自身活動を始めて3年のぺーぺーなんですけど、

これだけたくさんの声をいただいている中、ないこにできることは、

「ないこがこれまでに培ってきた知識、経験、ノウハウを共有することなのかな」

と思い、ここに記させていただきます。

題して！


「今の時代に活動者として伸びる方法を教えるコーナー！！」

……そのまんまか。


一応言っときますけど、ほんっっっっっっっっっっっっっとうに！！

僕みたいな新参者が偉そうに語れることなんてないんですけど、ないこの個人の感想に興味のある方は読んでいただけると幸いです。

まず、ないこが感じ取っている、**歌い手グループ界隈の時代の流れみたいなものを説明します**（以降の話は2023年3月時点の情勢です）。

現在から過去2年間を振り返ってみて、**新しい爆伸び活動者がぜんっっっぜん出てきてません！！**

いやまぁ多少はおるけど、例えば5年前くらいと比べて新人！　みたいな人見なくなったな〜って思いませんか？

じゃあ、**「それってなんでなん？」**って話だと思うんだけど、

それは**この界隈が「成熟期」と呼ばれるタームに入ってきているからだと思う。**

少し難しい話になるけど、ビジネス的に考えると「プロダクトライフサイクル」っていう考え方があって、だいたいの物事が、

めちゃくちゃ勢いのある時期
←
安定期
←
勢いが落ちる時期

って変化していくのが普通なんよね。

伸びる活動者が生まれにくい環境的要因

ないこが子どもの頃にニコニコ動画で活動していた歌い手さんたちは、いわゆる歌い手黎明《れいめい》期の歌い手さんだったんだろうなって思う。

誰もが知っている歌い手の大先輩たちがたくさん活動していた時代のことね。

当時歌い手をしていた友だちに聞いても、

「とりあえず新曲の歌ってみたをあげたらめっちゃ再生されてた」

「みんな放課後の趣味みたいな感じで楽しんでた」

って言ってたから、まじで黎明期だったんだと思う。

そうはいっても、新しい分野を開拓するっていうのは、やっぱり並々ならぬ努力が必要なわけで。

〝歌い手〟という存在の知名度が今よりもっと低くて、**周りから批判されるような環境の中で活動を続けてきた先輩たちがいるおかげで、現在の〝歌い手〟や〝歌い手グループ〟が世の中に受け入れられやすくなってるのは間違いない。**

ただ、あの頃の歌い手さんはまじで楽しそうだったし憧れてた（いいな）。

で、時は流れ現在。

歌い手は、もう世間にありふれた時代になりました。

ないこ自身、歌い手を始めた当初、チャンネル登録者数数十万、数百万人の歌い手さんがたくさんいたし。

そんな、ないこよりすごい歌い手さんがたくさんいる中で、**誰かに自分を好きになってもらうこと、ファンになってもらうことは、めちゃくちゃ難易度高いわけです！**ハードル激高！！東大入試！！

っていうのが今の歌い手、活動者まわりの状況だと思う。

すでにある程度すごい人、人気の人っていうのがたくさんいるから、初心者というか新参者が活動を始めても、めちゃくちゃ強い個性を持ってたりしないとなかなか目立てない時代、みたいな。

言葉を選ばずに言うと、歌い手の〝飽和状態《ほうわじょうたい》〟なんだと思う。だから、急にずどーんって伸びる人があまりいないのも、環境的に仕方ない状態なんだろうなと、ないこは思ってるわけ。

そんなルーキーが生まれにくい環境の中、**ありえん成長速度で伸びてるグループがありますよね！！**

そう！僕たちいれいすなんです！！

結成2年半で今やチャンネル登録者数50万人、歌い手グループ史上最速で成長することができている。自分で言うのもアレだけど、今の時代に、こんな勢いで成長しているグループはほかにない。

ということで、ここからは**いれいすが伸びた理由をベースに、今の時代の活動者さんがどうすれば伸びることができるのか、考えていきたいと思います！**

理由の9割は「バズ」を引き当てること

はい。話終わったわ（ごめん）。

でもマジでこれが9割！　いれいすはバズったから伸びた！！

『いれいす』が伸びたのは歌企画の動画がきっかけだった。でもなんでアレがバズったのか、そのメカニズムはしょーみないこもわからん！

ここまで読んで**「それじゃ、結局伸びるのって運なの？」**って思った人もいると思うけど、それは違うんですよ。

バズるためにしたほうがいいことは確実にあります。

それは「バズるかも」って思ったことをとにかく実行すること。

当たり前だけど、動画を投稿しないとバズるわけないので、いれいすもいろんな種類の動画や企画を投稿してみた。ゲーム実況したり、オカンにドッキリ仕掛けたり、Live2D*を導入したり、実写企画やったり……。

そんな**「これワンチャンバズるかもしんない！」**っていう動画をとにかく投稿しまくりました。全然バズらなくても、投稿しつづけました。

そして結果としてバズったのが〝**歌企画動画**〟だった。

当時のいれいすメンバーのテンション的には、

「伸びるかわかんないけど、リスナーのみんなは楽しんでくれそうな動画だし、と

りあえず挑戦してみるか！」

みたいな感じで、楽しみながらいろんな動画や企画を試してて、その中で偶然バズったってだけなんよね。

バズは花火。本当に必要なのは継続力

でもないこ的に、〝バズる〟ってのは花火のようなものだと思っていて、**瞬間的にものすごい勢いが出るけど、散っていくのもめちゃくちゃに早い。**

だから伸びるためには、一回どかーんってバズった勢いをできるだけ落とさないように、**〝継続して活動をしつづける必要がある〟**とないこは思っております。

いれいすが常に意識していたのは、**バズる前から走りはじめておくこと。**

例えば君がＹｏｕＴｕｂｅでなんとなく動画を見て、面白かったとするじゃん。

＊2D画像を立体的に動かすことのできる表現手法。一般的なVTuberの生配信でよく使われている技術

だけど、ほかの動画も見ようと思ってチャンネルに飛んでみたら、動画があんまり投稿されてませんでした、ってなったら、もうそのチャンネルのこと見ないでしょ？

だからいれいすは、**なにかのきっかけでいれいすに興味を持ってくれた貴重なタイミングを絶対に逃さない**ように、歌企画でバズる前も後も凄まじいペースで動画を投稿しつづけて、多くの人に見てもらえるように工夫してた。

当時は月に1～2本はオリジナル曲をリリースし、毎週数本YouTubeに動画を投稿、同時並行で毎日メンバーの誰かが生配信する、いろんな企業様とのコラボを展開する、ライブやグッズの運営をする……などなど。

「そんな勢いで飛ばしすぎたら途中で息切れして失速しちゃうよ！」

って心配されつづけたけど、**結局息切れしないまま2年半走りつづけてきた。**

休みなくコンテンツを出しつづけることはめっちゃしんどいけど、でもその結果今のいれいすがあるのは間違いないし、だからいれいすは伸びたんだと思う。

6人が同じ熱量で活動できた奇跡

コンテンツを出しつづけるために、活動を継続的に行っていく上で最も重要なことは**〝グループ全員が同じ熱量で取り組みつづける〟**ということ。

前述したと思うけど、いれいすメンバーのうち一人でも熱量が合わないメンバーがいたら、いれいすはすでに解散してたと思う。

いれいすがそうならなかったのは、偶然メンバー6人全員が、最初から〝歌い手活動〟を単なる趣味で終わらせることなく**〝趣味のレベルを超えたもの〟にしようって考えて行動してた**から。

もし趣味の域を出なかったら、

「今日は疲れたから動画も配信も明日やればいいや」

って考える日もあっただろうな。

でも、みんなどんなに疲れてても気分を整えて配信したり、企画の内容も積極的に考えたりしてくれた。ちょっとしんどいなってことがあっても、メンバーの中で声をかけて支え合ったりしたこともあった。

それって当たり前じゃなくて、**6人みんなが同じ熱量を持ってなかったらできないことなんだよね。**

生まれも育ちも考えも違う6人が集まって、同じ熱量を持って、同じ方向を向いて、走りつづけることができたのは間違いなく奇跡だと思う。

この6人じゃなきゃいれいすは存在できていなかったのは間違いない。

本当にないこは仲間に恵まれてると思う。

今後生まれてくる活動者へ

と、ここまで偉そうに語らせていただいておいてアレなんですが、

ないこなんて誰でもブチ抜けるぞ!!!!

と、**クソデカボイスで言わせてください!!**

いれいすを余裕で追い越せるようなグループが生まれる可能性は全然あるし、やる気次第でマジでどうにでもなる。

もちろん、俺たちいれいすも抜かされないよう全力で頑張るけどね。

ないこはいれいすの6人で武道館に立つことを目標に活動してるから、夢を叶

えるためには今よりもっともっと大きくならないといけない。

だけど、『いれいす』だけが伸びればいいって思ってるわけでもなくて、ほかの活動者さんたちが一生懸命活動してきたから、〝歌い手界隈〟は存続できていると思うし、**この界隈が成り立っているのは、関係しているすべての人の活動があってのことなのは間違いない。**

そしてなにより、**界隈を盛り上げるための可能性を一番秘めてるのは、今はまだ燻《くすぶ》ってるそこの君だと思ってる!**

誰かがこの界隈のインフルエンサーとして爆誕して、新しい風を吹かせて、界隈全体を大きくしていくことができたら最高だよね。

これはお世辞でもリップサービスでも忖度でもなく、ないこが本気で思ってること。**本気でスーパールーキーが生まれてほしいから、わざわざ言わなくてもいい**

ようないれいすの成功体験をこうして赤裸々に書いてきたわけです！

だから大きな夢や目標を持ってる君が、ないこ以上の熱量で活動を続けて、いつか俺のことをぶち抜いてくれる未来が来るといいなと思っていることを、ここに綴らせていただきます！

まぁ俺も絶対負けないくらい頑張るけどな！
まじ負けねえからな！
かかってこいよ！
一緒に最強になってこの界隈ぶち上げるぞ！！
よろしくうううううう〜〜〜〜〜〜！！！！

QUESTION & ANSWER

100問100答

ないこに答えてほしい質問をTwitterで募集したところなんと……総数3500件以上が集結! その中から100個の質問に絞り、社長業についてはもちろん、メンバーやリスナーへの熱いメッセージや、好きな女性のタイプまで、文字数が許す限り回答してみました!

1 血液型を教えて!

O型です!

2 自分の歌ってみた動画で一番のお気に入りは?

悩むけど『阿修羅ちゃん』めっちゃ好きです。配信でもふざけてよく流してる(笑)

3 ライブで一番思い出に残っていることは?

1stワンマンライブで初めてリスナーさんの姿をリアルで見たこと

4 いれいすを結成して一番嬉しかったことは?

メンバーがいれいす組んでよかったって言ってくれること

5 好きなタイプを教えてほしい

俺のこと好きな子

6 活動で一番苦労したことは?

13会場全国ツアーしながら毎日投稿しながら自分も動画出しながら企業様コラボもしながら2周年企画準備してた夏ですね!!!!

7 体重教えてください。気になって夜しか眠れないです。

りんご715個分

8 いれいすが出したグッズの中で一番気に入ってるのは?

コロこっとめっちゃかわいくて好き!

9 歌い手として常に意識していることは?

常に『面白く』あること、ですかね

10 なんでふんどしが好きなの?

ふんどし穿いてる姿想像したらシュールでおもろくない?

11 座右の銘があったら教えて!

自分に厳しく、笑いに厳しく

12 どうしていれいすの目標を武道館にしたの?

一番最初のいれいす生配信でなんとなく言ったのが始まりかなぁ

13 一番好きなメンバーは誰?

みんな好きよ〜

14 いれいす以外で生きがいはある?

ない……食べることくらい?

15 武道館に行ったあとの目標を知りたい!

わかんない! そのとき決める!

16 お仕事が終わったときに一番楽しみな時間は?

寝ることかなぁ

17 犬派ですか? 猫派ですか?

猫派!!!!!!!!!

18 ライブのときに「失敗した……」って思ったこと

意味不明なところでよくコケるからそれかなぁ……ヒールって歩きにくいね

19 夢を追いつづけるコツを知りたい

諦めないことと、しんどくなったらペースダウンすること

20 記憶に残ってるファンサうちわは?

夏ツアー何回参戦中!みたいなのはわかりやすくて嬉しかった!

21 思わずきゅんとする女の子の仕草は?

仕草っていうか匂いにきゅんとします

22 メンバーが女の子なら、誰と付き合いたい?

あにき! ご飯美味しそう!

23 いれいすのリーダーやっててよかったなって思ったこと第1位は?

40 朝はパン派? ご飯派?
朝ご飯は食べないことが多いかも
41 社会人と歌い手との両立はやっぱり大変?
社会人時代は睡眠削って限界稼働してたね〜! 懐かしい!
42 社長になるにあたって新たに勉強したことや、大変だと感じたところは?
特にないかも。今までとやること変わらないし、今までも社長っぽかったのかも
43 武道館に立って、いれいす・いれりすみんなでやりたいことはある?
『恋の約束』とかみんなで歌えたりしたら面白いかも!
44 一番リスナーさんに救われたなって思った瞬間は?
何が起きてもどんなことがあってもみんなが支えてくれてる瞬間かな
45 自炊はしてる?(カップ麺にお湯注ぐこと以外)
最近はまじでしてない……
46 実はホラー系は苦手?
全然! むしろもっと怖がらせてほしい〜!
47 メンバーもリスナーも知らない秘密ってある?
いっぱいあるよ〜! 内緒だから言わないけど!
48 好きな季節は?
秋と春! ちょうどいい気温が好き
49 行ってみたい国は?
ヨーロッパとか行ったことないから行きたい!

32 いれいすメンバー全員のかわいいなと思うところは?
いつも文句ばっか言ってるけどやるときはやってくれること
33 ないこくん自身がMだなと思った時期はいつ頃ですか?
は!? Mじゃないんですけど!!
34 今までで一番印象的なDMは?
いれいす結成当初に「なんでそんな無名のグループ推してるの?ってバカにされて悔しかった」ってDMが来たのがすごい印象的。いれいす大きくなったぞ! ざまーみろって言ってやれ〜!!!
35 好きな女の子の髪型は?
顔の形によって似合う髪型は違うから、その子に一番似合う髪型してるのが好きです! 美意識高めてこ!
36 ライブで心がけていることは?
平等にファンサできるようにずっと考えながらライブしてます(笑)
37 ないこくんが落ち込んでたとき、一番背中を押してくれた人は誰ですか?
リスナーの君
38 ないこくんが思うメンバーの強み、そしていれいすの強みを教えて!
6人が死ぬほど仲良いことだと思う
39 今「歌い手」をしていなかったら自分はなにをしていたと思う?
社会人やってつまんない毎日過ごしてそう

たまーーーーーにメンバーから感謝されること。普段はお笑いばっかでそういう雰囲気にならないから(笑)
24 推してくれている子に一言!
だいすしですっ!
25 女性の服装は冬服か夏服、どっちが好き? その理由は?
男性も女性も冬のほうがコーディネートいっぱいできるから好き〜!
26 社長になって変わったことは?
社長いじりされるようになったくらい?
27 ずばり! いれいすの魅力は!?
老若男女楽しめる世界一面白い歌い手グループ!
28 歌い手になるときに機材はどうしてた?
当時社会人だったから仕事で稼いだお金でいろいろ買ってたなぁ
29 いれいすまたは個人の活動でぶっちゃけ折れそうになったときのことを教えて
コロナでライブが連続して延期、中止になったとき
30 一番好きないれいすの動画は?
いれいすがバカやってる動画はだいたい好き
31 ないこくんが特に気に入っているいれいすオリジナル曲は?
総選挙の思い出があるので『僕らが導く約束の物語』かな

りますか?
人によるなぁ～! いろいろあるから配信とかで今後質問してほしいわぁ!
70 ライブについて、例えばツアーはどれくらい前からどんな準備から始めるのか流れを教えてほしい
1年以上前からだね。流れは長くなるのでまたどこかで聞いてくれっ!
71 自分を寿司ネタにたとえるとしたらなんだと思いますか!
シャリですね。縁の下の力持ちですので
72 メンバーをまとめるために大切な能力は?
能力はわからんけど、信頼が一番必要だと思う
73 私たちリスナーがないこくんにできることは?
たくさん応援してくれること!
74 学生時代の得意科目は?
数学が一番得意だった! 文系だったけど!
75 結婚願望はありますか?
まったくないです! リスナーのみんなと結婚してるようなもんだし!
76 お気に入りの香水は?
最近はVUITTONのよくわからん紫っぽい香水ハマってる
77 会社でDX日輪刀を振り回して遊んでるって本当?
本当です
78 ないこくんの笑顔が大好き! ないこくんがもっと幸せになるためにないふぁみができることは?
くてもなれるで!
59 好きな女の子の香りは?
その人の家の匂いとか? バチバチに強い香水も好きだけど!
60 書籍化の話がきたときに感じたことを教えてください
最初から書籍化狙ってnote書いてたので、ついに来たか! って感じでした! 嬉しい～～!
61 一番好きな動物は?
猫!
62 ないくんはいれいすのグッズを持ってる?
持ってます! 何個か!
63 ライブのときって観客席にいる方の顔全員見えてるの?
ライブ会場の大きさによるかな。全員見えたときもあったよ!
64 活動はいつまで続けていきたいと思ってる?
いれいすが続く限りは永遠に活動すると思う!
65 活動してて一番責任を感じたのは?
何か問題が起きたとき
66 あなたにとって愛とは?
君に抱いている感情
67 もしも24時間異性になれたら何をしますか?
めっちゃお洒落して一日歩き回る!
68 男性リスナーに対してないこくんはぶっちゃけどう思ってる?
一緒に相撲しようぜ。ふんどし穿いてよ
69 一番のオススメの本あ
50 歌い手の活動やVOISINGの社長業をやるとき、不安とわくわくどちらのほうが強かった?
圧倒的にわくわく!
51 お気に入りの雑貨はある?
なんだろ、ルームフレグランス系かな
52 理想のデートプランを教えてほしい
家で一緒にごろごろして気が向いたらカフェとかお散歩とか行きたい
53 なんでそんなにたくさん食べてるのに痩せてるんですか?
めーっちゃご飯を食べてしまったら、体重が元に戻るまでめーっちゃ我慢した食生活で過ごしてるからかな……
54 DMを毎日送ったら迷惑ですか?
全然いいよ! でも一日に数百通来るから読めるのはたまーにです! ごめんなさい!
55 これからの歌い手界隈に必要なことはなんだと思う?
歌ってみた以外のジャンルや界隈との融合、とかかなぁ
56 やる気が出ないときにしている気分転換はなに?
散歩に行くか諦めて寝てる(笑)
57 好きなアニメのタイトルを教えて
多すぎてここで答えるには余白が足りねぇ……!
58 歌い手になりたい場合どのように親を説得したらいいかな?
歌い手って別に親の許可な

の人生は自分で決めればええねん!

95 今の立場にプレッシャーを感じることはある?

あんまないかな。でも多くの人の人生を背負ってる責任感はかなり強く感じる

96 ピアスの穴は何個開いてる?

左に3つ、右に1つ!

97 この本を書いて一番よかったことは?

多くの人に、ないこって、いれいすってこんな人なんだよって伝えられること

98 学生のときにやっておいたほうがいいことはなに?

いろんなことを自分の意思で決断すること

99 自分のリスナーさんたちを見つけることってある?

街中で見かけることは増えたね。嬉しいなぁ〜と思いながらスルーしてます(笑)

100

ファンのことどのくらい好き?

人生で一番大切なくらい好き

FINISH

いれいすは……終わらねェ!!(ドンッ!)

86 企業様とコラボする際に、どんなことが一番大変?

条件の調整とスケジュール進行、あとは先方とのコミュニケーションですね!

87 この本を最低何回読んでほしい?

589481928912回

88 平均何時間睡眠してる?

6時間は寝てる!

89 今は顔出しNGですが、今後、顔を出すことも考えてたりする?

今のところは考えてないな〜

90 自分以外のいれいすメンバーで入れ替わるとしたら誰がいい? よかったら理由も教えて!

りうら! 細いから代わりにいっぱいご飯食べてあげたい

91 活動をするにあたってメンバーと決めているルールは?

いろいろあるけど、大事なことは6人で話し合って決める、とかかな?

92 どんなテイストの曲が好き?

転調しまくる不思議な曲が好きかも

93 気に入っているネイルの色は?

黒! メンズネイルはシンプルでええねん

94 周りの友人や、ご両親、会社の人などに相談した?

まったくしてないです。自分

ないこっていうおもしれーやつがいるよ、って友だちに布教してほしいな。そしたらその友だちと一緒にもっと笑おうぜ!

79 左利きで不便なことを教えて

ノートに鉛筆で文字書いてると手が真っ黒になるとか?

80 活動外での休憩時間などはなにをしてる?

寝るか食べる以外は活動してるからわかんない……

81 ないこくんのメンバーカラーがピンクの理由は?

ピンクってなんか……えっちじゃん……

82 ないこくんみたいに上手な文章を書くコツを教えてほしい

僕は日本語が好きで本を読んでたから、この文章いいな、みたいな視点で日本語を読んでみることかな?

83 歌い手さんとして、やっていく中でこれは武器になる!! ということは?

歌い手として武器になることは、ほかのどんな活動でも武器になることだから、なにか一つ尖りがあるといいかもね〜!

84 お肌の手入れとかなにしてる? めちゃくちゃ綺麗で羨ましい!!!

化粧水つけるくらいしかしてないんです……ほんとはもっといろいろするべきだよねぇ

85 最近不安になっているんだけど、武道館ライブを達成してもいれいすは終わらないよね……?

EPILOGUE

リスナーさんの保護者の皆様へ

この文章を読んでくださっている方は、お子さんに**「ここだけでいいから読んで！」**って言われたパターンか、**「保護者だけどリスナーです！」**っていうパターンか、**「なんか面白そうだから読んでみよ」**って思った変わり者かのどれかだと思うのですが、今回はリスナーではない保護者の方のために、お子さんが応援している**ないこ、いれいす、VOISINGとは一体なんなのか**、なにをしているのか、簡単に説明させていただきます。

まず**〝ないこ〟というのは僕のことです。**

この文章を書いている本人で、普段はインターネット上に『歌ってみた動画』を投稿している**〝歌い手〟**と呼ばれる活動者です。

……と言いたいところなのですが、最近活動の範囲が拡大しまくっておりまして、『歌ってみた動画』以外にも、全曲オリジナル曲のCDリリース、リアルライブ開催（２０２３年3月現在での最大キャパは幕張メッセ）、アニメ動画投稿、エッセイの書籍化、テレビ番組への出演、書籍タイトルどおり社長業など……。

様々ありますが表向きには、**世間一般で言うところの「タレント・アイドル」のような活動をしております。**

歌い手社長とはいっても、普段は普通の20代男性なので、歌を歌ったりライブを開催するとき以外は、**普通にコンビニでご飯を買うし、バラエティ番組を見て爆笑するし、机の角に足の小指をぶつけて叫んだりしています。**

そんなないこがリーダーを務める〝**歌い手グループ**〟が『**いれいす**』です。『Irregular Dice』略していれいすなわけですが、こちらも〝歌い手グループ〟と言いながら活動内容は歌ってみた動画に留まらず、数々の企業様コラボやテレビ出演、ライブ開催などをしております。

個性豊かな6人の様子はYouTubeでご覧になれますので、**ぜひ一度YouTubeで「いれいす」と検索してみてください。**〝かっこいい〟より〝面白い〟を追求したおバカな6人の姿を見ることができます。

そして、そんないれいすが中心になって創設した会社が『**株式会社VOISING**』です。

いれいす含め3つの歌い手グループが合同で立ち上げた会社なのですが、前述したような**活動をより広範囲で行うために、また社会的に認められるために法人**

化し、歌い手活動に仕事として本気で取り組んでおります。

僕たち〝歌い手〟という存在は、世間一般に完全に認められた存在ではないと思っています。保護者の皆様も、〝歌い手〟という単語自体初めて見たという方も、**〝歌い手〟に浮ついた印象を持っている方もいると思います。**

〝歌い手〟は、現在でいうとYouTuberに近い存在で、趣味で気軽に始めることができるがゆえに、遊びと本気が入り混じったような不思議な存在に見えてしまうところがあるかもしれません。

しかし、**ないこの活動は本気です。**

本書の中でも触れていますが、新卒で入社した一部上場企業を退職し、歌い手一本に人生をかけて活動しております。

僕自身、もともと有名な活動者、インフルエンサーだったわけではありません。

この本が発売される3年前に〝ないこ〟として、フォロワー0人でインターネットの海で誕生し、仲間と出会い、ついには本職を退職し、気の遠くなるような努力を積み重ねてここまでたどり着いた〝歌い手〟です。

そんな僕の夢は**〝武道館でワンマンライブをすること〟**です。

この夢は、僕がいれいすという歌い手グループを結成した当初から掲げている、応援してくれるファンと約束した目標です。

結成当時は、多くの非難や揶揄《やゆ》を受けました。

「お前らみたいな無名の6人が武道館なんて行けるわけがない」と。

それでも僕たちは諦めず、僕たちを応援してくれるファンの思いに応えるために、自分たちの限界まで努力を続け、泥臭い毎日を過ごし、**ついには2023年1月に幕張メッセでのライブを成功させました。**

散々バカにされてきた〝武道館ライブ〟がもう目の前というところまで、ファンのみんなと一緒に駆け上がってきたのが僕たちいれいすです。

そしてそんな僕たちの思いに共感し、同じ夢を目指して一緒に歩んでくれている、応援してくれているのがあなたのお子さんです。無名の僕たち6人を、ここまで連れてきてくれた人なんです。

顔も体も出さない、素性も本名もわからない、そんな得体の知れない誰かを応援するなんて理解できない。そう思われているかもしれません。

しかし、あなたのお子さんは、そんな得体の知れない誰かだけど、赤の他人の誰かだけど、僕たちの活動に対する姿や夢を語る姿を見て、「応援しよう」と思ってくれた。**そしてその応援が僕たちをここまで連れてきた。**

本当に、感謝の一言に尽きます。

ありがとうございます。

お子さんの応援がなければ、今の僕たちはいません。

僕たちはこれからも、武道館ライブに向けて、そして世間一般に認めてもらうまで、泥臭い努力を続けます。

たとえ今はそれが不可能なことだと言われても、理解されなかったとしても、僕たちは、僕たちとファンのみんなのために、**人生を捧げて夢を叶えます。**


最後に。

僕、ないこ自身、活動者としても、社会人としても、人間としても、まだまだ未熟ではありますが、お子さんからの応援を享受《きょうじゅ》することをお許しください。

その応援は無駄じゃなかったと、その応援には意味があったと、これからの僕の活動で示します。

拙《つたな》い文章ではありますが、最後まで読んでいただき、ありがとうございました。

いれいす
リスナーのみんなへ

『歌い手社長』を手に取ってくださり、ありがとうございます。

最後に、執筆を完走した感想ですが（激ウマギャグ）、
書籍化って大変ですね！！！！

通常の歌い手活動をしながら、社長業務をしながら、執筆。しかも全国ツアーライブ被ってる。思ったより500倍くらい大変だったわ（そしてKADOKAWAさんに多大なるご迷惑をおかけして完成しました……）。

でも、ないこの思っていること、感じていること、伝えたいこと、十分に伝わる一冊にできたのではないかと思っています。

ないこの半生を記した章を読んでいただければわかるように、**ないこという男はなにも特別なことはない、そこらへんに転がってるオタクでした。**

そんな僕が、武道館ライブという夢を目指して努力することができているのも、これから一生を共にするであろう仲間に出会えたのも、人生をかけて取り組む、〝生きる意味〟が見つかったのも、**すべて応援してくれている君のおかげです。**

毎日思ってることだけど、あらためて伝えさせてください。

いつも応援してくれて本当にありがとう。

君がいなければ今の俺はなかった。

君のおかげで、今ないこはこの世に存在することができている。

だから、ありがとう。

そしてこの本の最後に、君に誓った〝**約束**〟の話をさせてください。

〝結成3年で武道館ライブを実現する〟。

これは、僕に生きる意味を与えてくれた、かけがえのない、大切な君と交わした最初の〝約束〟です。

僕らはこれまで、**叶わないと言われるような大きな夢を掲げてきた。**

「どうせできやしない」って吐き捨てるように言われながら、何度も夢を掲げてきた。

そしてそんな叶わない夢を、君と一緒に、何度も叶えてきた。

結成3年で武道館ライブなんて、不可能だと言われてきた。

3年どころか、何十年経っても無理だと言われてきた。

それでも僕らは、約束を叶えるため、人生をかけて毎日を過ごしてきた。

そんな僕たちいれいすは、**2023年10月9日、ついに結成3周年を迎えることになる。**結成3周年の記念日は、**僕らと君の、約束の答え合わせの日。**

この文章を書いている2023年2月時点では、この約束が叶うのかどうか、まだわからないし、わかっていても、ないこの口から言うことはできません。

残された時間で僕たちいれいすに、ないこにできることは、約束を叶えるため、**全身全霊で毎日を過ごすこと。**

最後の一瞬まで諦めず、一歩でも前へ、前へ進みつづけること。

君は僕らの夢のために、人生をかけて応援してくれた。そしてそんな君の気持ちに応えるために、僕らも人生をかけて活動しつづけてきた。

だから、大丈夫。僕らのしてきたことは間違ってなんかいない。

苦しいこともつらいことも悔しいことも、全部一緒に乗り越えてきた俺たちなら行ける。

絶対に叶えよう。僕らの物語の約束を。

ないこ

MESSAGE FROM IRREGULAR DICE

いれいすメンバーからのメッセージ

楽しいときもつらいときもともに過ごしてきた『いれいす』のメンバーから、
直筆のお祝いメッセージをお届け！

IRREGULAR DICE MEMBER'S COMMENT

DICE NUMBER 1　　NAME りうら

Q1　簡単に自己紹介をお願いします!

いれいす赤色担当のりうらです！
天才ぴよぴよ最年少って
呼ばれてまーす!!

Q2　ないこさんとの一番の思い出は?

一緒に買い物に行って、
靴をプレゼントしてもらいました！

Q3　この本を出版したないこさんへメッセージをどうぞ!

ないくんの文章大好きだよ！
書籍化おめでとうまる〜！

IRREGULAR DICE MEMBER'S COMMENT

DICE NUMBER 2　　NAME -hotoke-

Q1　簡単に自己紹介をお願いします!

いれいすのムードメーカー
水色担当の「いむくん」です!
かわいいです!

Q2　ないこさんとの一番の思い出は?

2人で いっしょに サウナに
行って これからの いれいすに
ついて 語り合った 事です!

Q3　この本を出版したないこさんへメッセージをどうぞ!

これからも 素敵な 文章力で
みんなを とりこにしてください!
次の本が楽しみです!

IRREGULAR DICE MEMBER'S COMMENT

DICE NUMBER 3

NAME 初兎

Q1　簡単に自己紹介をお願いします!

ないこが一番頼りにしている
♥てんさいらっぱー初兎です!♥♥♥

Q2　ないこさんとの一番の思い出は?

初めて会った夜に漢気じゃんけんを
3回やって3回ともないちゃんが
買ってくれたことです。あっ勝った…

Q3　この本を出版したないこさんへメッセージをどうぞ!

僕と同じくらい日本語が美しい
ので楽しみにしてます。
ないちゃん書せき化おめでとっ!

IRREGULAR DICE MEMBER'S COMMENT

DICE NUMBER 5

NAME If

Q1　簡単に自己紹介をお願いします!

いれいす青色担当のIfでーす！
英語で歌ってみたとかYouTubeに
投稿してるよ〜☺

Q2　ないこさんとの一番の思い出は?

深夜にランニングして本当に辛かったな…
体力無限なんよ。お前と過ごす毎日が
全部思い出だよ。

Q3　この本を出版したないこさんへメッセージをどうぞ!

一生よろしくな!!!
最高のリーダーや☺ If

IRREGULAR DICE MEMBER'S COMMENT

DICE NUMBER 6

NAME 悠佑

Q1　簡単に自己紹介をお願いします!

いれいす歌のお兄さんの悠佑です!
ないことは『いれいす筋トレ部』で
トレーニング仲間です。

Q2　ないこさんとの一番の思い出は?

ランニングでつらかったです。

Q3　この本を出版したないこさんへメッセージをどうぞ!

ないこは文章書くのが天才なので
読むのが楽しみです。

夢は約束になり
約束は現実になる

歌《うた》い手《て》社長《しゃちょう》

フォロワー0人《にん》の会社員《かいしゃいん》が3年後《ねんご》に武道館《ぶどうかん》に立《た》つ物語《ものがたり》

2023年 4 月 1 日　初版発行
2024年 8 月10日　10版発行

■著者　ないこ
■発行者　山下 直久
■発行　株式会社KADOKAWA
〒102-8177　東京都千代田区富士見2-13-3
電話 0570-002-301（ナビダイヤル）
■印刷所　大日本印刷株式会社

■お問い合わせ
https://www.kadokawa.co.jp/（「お問い合わせ」へお進みください）
※内容によっては、お答えできない場合があります。
※サポートは日本国内のみとさせていただきます。
※Japanese text only

定価はカバーに表示してあります。

ISBN 978-4-04-897555-1　C0095